青木伸生の国語授業

3ステップで深い学びを実現！

思考と表現の枠組みをつくるフレームリーディング

筑波大学附属小学校
青木伸生 著

明治図書

はじめに

フレームリーディングは、文章を丸ごと読む読みの手法です。読みの過程は三つのステップに分かれていて、そのステップを通して深い学びの実現を目指しています。

フレームリーディングを考えたきっかけは、文章を細かく丁寧に読解することの大切さは認めつつ、それだけでは身につけることのできない読みの力があることを実感したからです。それは、物語では、伏線をつなぎ合わせることのできる力であり、説明文では、事例とまとめをつなぎ合わせる力です。どちらも、「つながりを見いだす力」として共通しています。つながりが見えると、読み手は「分かった」と感じます。文章を場面ごと、段落ごとに分けて、どんなに詳しく言葉をとらえても、全体のつながりが見えなければ、本当に分かったことにならないのではないか、そしてその力は、文章を丸ごと読むことで身につけることができるのではないかと考えたのです。

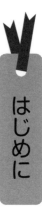

フレームリーディングを実践して、気づいたことが三つあります。

一つ目は、フレームリーディングの読みのプロセスは、学習指導要領の読みの過程と同じであるということです。文部科学省の教育課程部会国語ワーキンググループで話し合われていた読みの過程は、次のようになっています。

構造と内容の把握 ― 精査・解釈 ― 考えの形成

この三つの流れが行きつ戻りつしながら、読みがつくられることが示されました。そして、フレームリーディングの三つのステップは、次の通りです。

俯　瞰（全体を見渡して大まかなフレームをつくる）
―
焦点化（必要に応じて詳しく読む）
―
統　合（あらためてフレームを見直し、考えを表現する）

言葉こそ違いますが、思考の流れは同じなのです。

二つ目は、フレームリーディングは、実はとてもシンプルな切り口によって実践できるということです。物語を読むときも、説明文を読むときも、同じ切り口が使えることも分かってきました。

文章全体を俯瞰するときには、「数える」という切り口が有効です。何かを数えることで、文章の内容や構成の全体像が見えてきて、読み手にその文章のフレームがつくられます。このフレームは大まかなものですが、フレームができることで、疑問が生じたり、今までに自分がもっていたフレームとズレを感じたりします。それが、読みの課題となり、詳しく読んでいこうというエネルギーになります。

その後、読み手が抱いた疑問やズレを解決するために、焦点化して詳しく読むステップに移ります。このときに有効な切り口は「選ぶ」ことです。この切り口によって、内容をより詳しくとらえることができます。

物語も説明文も、「数える」「選ぶ」という、シンプルで、しかもクラスの全員が参加できる切り口で深い学びが実現すると考えています。読むことにおける深い学びは、読み手が問題意識や課題意識をもち、その解決のために本気になって文章を読もうとする姿によって誘われるのです。

三つ目は、フレームリーディングは単なる読みの手法に止まらないということです。このフレームを使うと、文章を書くことができます。読むことと書くことは、表裏一体です。そこにフレームが活かされるのです。さらに、そこでかたちづくられたフレームは、実は思考のフレームでもあるということです。俯瞰―焦点化―統合、あるいは仮説―検証―再構築という思考の流れは、読むことに止まらず、考えることそのものであるといえます。だから、国語科以外の教科でも当然使えます。

このことを考えると、フレームリーディングは、フレームライティングとセットであり、それを包むのはフレームシンキングだといえるでしょう。

本書は、物語（文学）と説明文のフレームリーディングを理論編として整理したものです。本書の考え方が、書くこと、そして考えることへと広がっていくことに期待します。フレームリーディングは、思考力・判断力を育むための大きな可能性を秘めています。

平成二十九年六月　筑波大学附属小学校　青木　伸生

もくじ

はじめに

序章

フレームリーディングってなあに?

1 これからの読むことの学びとフレームリーディング――14
1 フレームリーディングは読むことの学習過程そのものである 14
2 読むことの学習過程とフレームリーディング 15

2 主体的・対話的で深い学びとフレームリーディング――18
1 フレームリーディングは主体的・対話的な学びを成立させる 18
2 深い学びにつながるフレームリーディング 20

3 活用できる力としてのフレームリーディング――21
1 フレームは表現に活かしてこそ価値がある 21
2 文学的文章のフレームを活かして物語を書く 21
3 説明的文章のフレームを活かして説明文を書く 22

4　フレームリーディングとつけたい力　24
1　問題解決のための思考力を育てる　24
2　多面的・多角的にとらえて構造化する力を育む　25

第1章

フレームリーディングのステップ1
―文章全体を丸ごと読み、フレームをとらえる

1　フレームリーディングの切り口で授業が変わる　28
1　基本構造と読み取るべきことがら　28
（1）物語の基本構造　28
（2）物語では何が読み取ればいいのか　29
（3）説明文の基本構造　30
（4）説明文では何が読み取ればいいのか　32
2　物語には三つの構造《フレーム》がある　34
（1）くり返し型の物語　34
（2）事件型の物語　36
（3）ダブル型の物語　38
3　物語には三つの種類がある　40
（1）生活童話　40

（2）メルヘン　42
（3）ファンタジー　44

4　説明文には四つの構造《フレーム》がある　46
（1）説明文は四つのフレームに分類できる　46
（2）四つのフレームの構造図　48

5　説明文には四つの種類がある　50
（1）れっしゃ型のフレームで書かれる説明文　50
（2）あたま型のフレームで書かれる説明文　52
（3）おしり型のフレームで書かれる説明文　52
（4）サンドイッチ型のフレームで書かれる説明文　54

COLUMN　フレームリーディングを支える理論と実践　56

2　ステップ1ですべきことは、「数える」こと――58

1　「数える」ことで物語の授業をつくる　58
（1）登場人物を数えて物語の基本構造を読む　58
（2）登場人物を数えて作品のしかけを見つける　61
（3）登場人物を数えて主題に迫る　63
（4）出来事を数えて作品の流れをとらえる　65
（5）会話を数えて展開を俯瞰する　67

（6）数えることで学べる学習用語　70
2　「数える」ことで説明文の授業をつくる　76
（1）事例を数えて内容をつかむ　76
（2）形式段落を数えて意味段落をつかむ　76
（3）形式段落を数えて構造をつかむ　78
（4）意味段落を数えて段落の役割をとらえる　80
（5）事例を数えて段落の中心文をとらえる　82
（6）事例を数えてつなぎの段落をとらえる　84
（7）「数える」を使い分けて構造や内容をとらえる　86
（8）キーワードを数えて要旨をとらえる　88
（9）主語を数えて要旨をとらえる　90

第2章　フレームリーディングのステップ2
―必要に応じて詳細に読む

1　ステップ2ですべきことは、「選ぶ」こと――94
1　「選ぶ」ことで物語の授業をつくる　94
（1）中心人物を選ぶ　94

（2）クライマックスを選ぶ　96
2　「選ぶ」ことで説明文の授業をつくる　98
（1）「選ぶ」ことで内容を詳しくとらえる　98
（2）「選ぶ」ことで段落の役割をとらえる　100
（3）「選ぶ」ことで具体と抽象をとらえる　102
（4）「選ぶ」ことで筆者の主張をとらえる　104
3　フレームリーディングのステップ1とステップ2のまとめ　106
（1）ステップ1では「数える」ことで大まかなフレームをつかむ　106
（2）ステップ2では「選ぶ」ことで詳細に読む　107
（3）物語で数えるもの　108
（4）物語で選ぶもの　109
（5）説明文で数えるもの　110
（6）説明文で選ぶもの　111

第3章

フレームリーディングのステップ3
―詳細な読みを基に、再び全体を見直して読む

1　フレームをとらえ直すステップ3の読み――114

1 リフレーミングでとらえる 114
2 リフレーミングのための切り口 118
（1）物語のリフレーミング―場面、文、人物の意味をとらえ直す 118
（2）物語のリフレーミング―題名をとらえ直す 119
（3）説明文のリフレーミング―題名をとらえ直す 120
3 自分の考えをつくり、表現する 121
（1）物語―作品から受け止めたことを表現する 122
（2）物語―題名と関連させて表現する 123
（3）説明文―一番の○○を表現する 126
（4）説明文―筆者の考えに賛成か反対かを表現する 128
（5）説明文―自分の「納得度」を表現する 128

2 物語のフレームリーディングのまとめ 130
1 「俯瞰」→「焦点化」から、どのように考えを「統合」させるか 130

3 説明文のフレームリーディングのまとめ 134
1 文章をどのように「俯瞰」するか 134
2 「俯瞰」から「焦点化」へ読みを進める 136
3 読みを「統合」させて自分の考えをもつ 138

第4章

フレームリーディングから フレームライティング・フレームシンキングへ

1 物語のフレームを活かして物語を書く 144
1 物語の基本のフレームを活かす 144
2 「くり返し」のフレームを活かす 145
3 「起承転結」のフレームを活かす 146
4 ファンタジーのフレームを活かす 147

2 説明文のフレームを活かして説明文を書く 148
1 四つの「型」を活かす 148
2 「問い」と「答え」のフレームを活かす 150
3 「ナンバリング」や「つなぎ言葉」でフレームをつくる 151

3 フレームを活かして思考する—フレームシンキング 153
1 フレームをもつということ 153
2 多様な思考のフレームをもつ 155

おわりに

序章

フレームリーディングってなあに？

1　これからの読むことの学びとフレームリーディング

1　フレームリーディングは読むことの学習過程そのものである

フレームリーディングは、文章全体を丸ごと読む読みの手法です。その流れは、基本的に次の三つのステップ（段階）からなっています。

ステップ1　文章全体を丸ごと読み、フレームをとらえる（俯瞰した読み）
ステップ2　必要に応じて詳細に読む（焦点化した読み）
ステップ3　詳細な読みを基に、再び全体を見直して読む（読みを通して自分の考えをもつ）

このフレームリーディングのステップは、文部科学省が「審議のまとめ」[1]で示した「読むことの学習過程のイメージ」にぴったり対応するものです。

「審議のまとめ」では、次ページの図のように示しています。

図：国語科における学習過程のイメージ

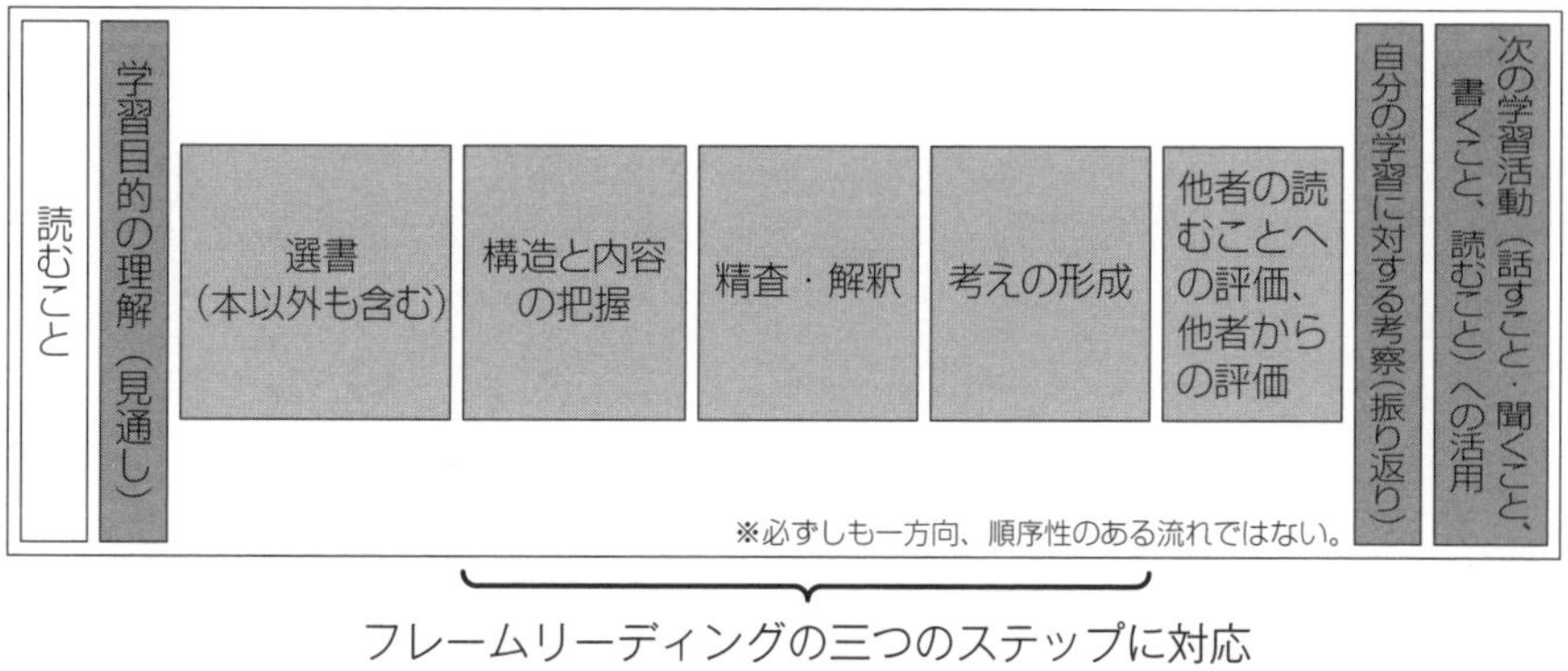

2 読むことの学習過程とフレームリーディング

「読むことの学習過程のイメージ」とフレームリーディングの三つのステップ（第一段階〜第三段階）とを照らし合わせながら確認しましょう。

「構造と内容の把握」は、文章のおよそのフレームをとらえることです。文学的文章であっても、説明的文章であっても、まずはその文章全体を俯瞰して読みます。そして、「この文章にはおよそこのようなことが書かれている」と把握するのです。把握の仕方は、文章の種類に応じた特性がありますから、このことは、後で詳述します。

「精査・解釈」は、文章のフレームをとらえたうえで、課題を見いだし、必要に応じてその課題の解決に向けて詳しく読むことです。フレームリーディングのステップ2に対応します。つまり、「どうしてここはこうなっているのだろう」「その人物は、どのような気持ちでそういう行動をしたのだろう」などと、ステップ1でとらえたフレームを基に、詳しく解決したいと思う課題が生まれ、その課題に対する考えをもつために詳しく読むという段階です。「必要に応じて」というのは、「読み手として、詳しく読みたくなる課題をもって」という意味です。

「考えの形成」は、フレームリーディングのステップ3に当たります。文学的文章であれば、全体を通してリフレーム（ステップ1のフレームの見直し・統合）し、作品の主題を自分の言葉で表現する段階です。説明的文章であれば、筆者の主張を要旨としてとらえたうえで、それに対する読み手としての批評を表現する段階になります。フレームをとらえ、詳細に読み、それを基にリフレームしてはじめて、その文章全体をとらえたことになります。そのうえで、自分の考えを主題や批評というかたちで表現することが大切です。

このように、フレームリーディングは、これから求められる読みの学習過程にも合致した読みの手法であるということができるのです。

次ページの表は、フレームリーディングの手法によって、身につけることのできる読みの力を整理したものです。新学習指導要領の「読むこと」における「思考力・判断力・表現力等」の内容の文言を当てはめ、どのような力が身についていくのかを見渡しました。

俯瞰から焦点化へというおよその流れはありますが、実際の読みの活動は、行きつ戻りつ行われるものとなります。

	俯瞰 構造・内容把握	焦点化 精査・解釈
フレームリーディング	「数える」 ・登場人物 ・会話文 ・場面 ・出来事　など	「選ぶ」 ・中心人物 ・対人物 ・語り手（視点） ・クライマックス場面 ・クライマックス　など
学習指導要領	人物の行動・性格 気持ち・心情の変化 場面の様子・移り変わり・情景 出来事の順序	人物像・心情の変化 人物の相互関係 表現の効果 心情の変化

2　主体的・対話的で深い学びとフレームリーディング

1　フレームリーディングは主体的・対話的な学びを成立させる

フレームリーディングには、**系統性**があります。系統的にフレームリーディングを実践していくことで、子どもの頭の中に、「読み方のフレーム」が創り上げられていきます。そのフレームを、子どもは次の文章を読むときに使うのです。新しい文章を読もうとするとき、子どもはまず、既有のフレームを当てはめようとします。そのフレームがうまく当てはまれば、その文章の構造や内容の把握は楽にできるはずです。自分のもっているフレームに当てはまらない場合に、新しいフレームの形成が必要になります。すなわち、自分のもっているフレームのバージョンアップです。

このような読みの思考過程（読みのプロセス）が、子どもを主体的な学び手として育てていきます。新しい文章に出会ったときに、それまでのフレームを当てはめてみようとして試行錯誤する読みの行為そのものが、主体的な学び手の学びの姿だからです。

また、読もうとする文章の内容や構造を把握するために、その文章を詳しく読もうとすることは、

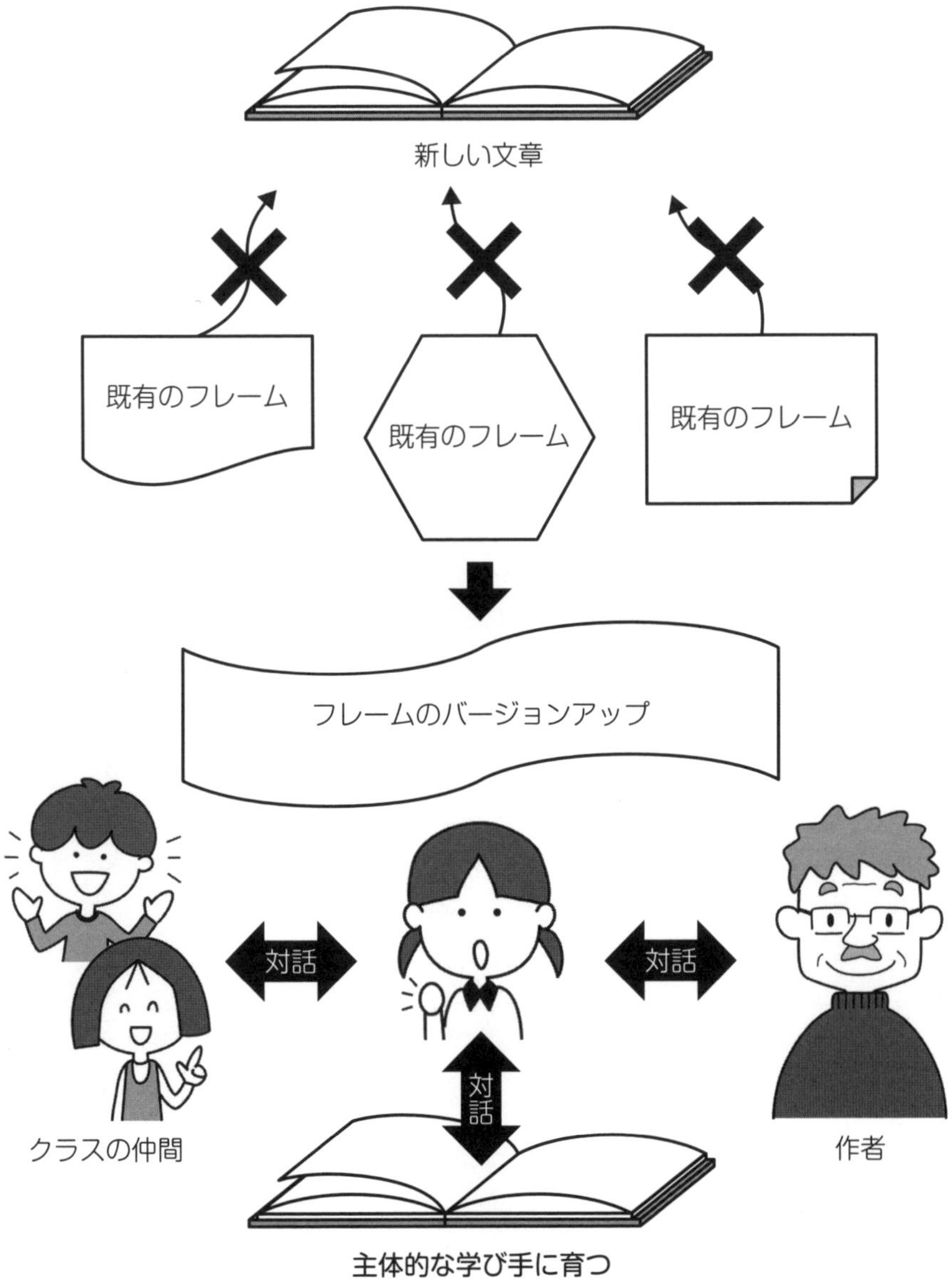
新しい文章
既有のフレーム
既有のフレーム
既有のフレーム
フレームのバージョンアップ
対話
対話
対話
クラスの仲間
作者
主体的な学び手に育つ

目の前にある文章（大きく言えばそれは情報となります）との対話をしているととらえることができます。もちろん、クラスの中の他の仲間と共に文章を読み進めるわけですから、同じクラスの仲間との対話も欠かせませんし、その学びを支えてくれる教師との対話もあるでしょう。時には、その道の専門家や、作者である作家さんとの対話場面も設定されるかもしれません。一連の読みの学習の流れの中に、多様な対話的な学びが生まれることになります。

2　深い学びにつながるフレームリーディング

主体的・対話的な学びが成立すれば、その単元における読むことの学習は「深い学び」として成立するはずです。子どもの学びの深さは、フレームリーディングのステップ3、すなわち、「考えの形成」の段階ではっきりと分かることでしょう。

それまでのステップによって学びが深まっていれば、子どものとらえる主題（文学的文章の場合）はより深い内容になるはずです。子どものとらえる要旨（説明的文章の場合）がより的確であれば、それに対する批評もより深くなるはずです。ここでいう批評とは、筆者の考えに対する読者としての反応であり、筆者の考えにどれぐらい納得しているか、していないか、あるいは、筆者の主張に対して賛成か反対か、などがその具体的な内容となります。または、筆者の書きぶりに対して、どれほどの効果を認めるか、という「文章をメタ認知する」視点での読者としての反応も含みます。子どもの表現したものの内容によって、学びの深さ、読みの深さを評価することができるはずなのです。

3　活用できる力としてのフレームリーディング

1　フレームは表現に活かしてこそ価値がある

フレームリーディングは、単なる読み方の一つの方法に止まりません。子どもたちが読む文章（情報）は、書き手があるフレームを使って表現したものです。そのフレームを学んだら、子どもも、フレームを使って表現することができるはずです。フレームリーディングで身につけたフレームは、次の文章を読むためのアイテムになりますが、それだけではなく、自分が文章を書いたり、他者に話しをしたりするときのアイテムとしても使えることが大事です。読むことで身につけたフレームは、表現するときに活かされてこそ価値があり、学ぶ意味があるのです。

2　文学的文章のフレームを活かして物語を書く

例えば、文学的文章のフレームの一つに、「くり返し」があります。『三匹の子ぶた』や『おおきなかぶ』（一年）などの物語を思い浮かべてもらえればすぐにそのフレームがイメージできるでしょう。そのくり返しのフレームを使うと、子どもたちも物語を創作することができます。

同じように、起承転結のフレームを身につけた子どもは、そのフレームに合わせて物語の創作が可能です。こうした読み書きの関連については、第4章で詳述します。

3　説明的文章のフレームを活かして説明文を書く

説明的文章でも同じことがいえます。小学校の教科書に登場する説明的文章のフレームは、大きく分けて四つしかありません。

・時系列型（時間や事柄の流れに沿って説明が順序よくつながっているもの）
・頭 括 型（筆者の考えのまとめや主張が文章の前の方にあり、結論先行で書かれているもの）
・尾 括 型（筆者の考えのまとめや主張が文章の後ろの方にあるもの）
・双 括 型（文章の前と後ろに筆者の考えのまとめや主張が書かれているもの）

この四つのフレームさえ身につければ、子どもは、新しい文章にこのフレームを当てはめて読むことができます。さらに、このフレームを使って、自分自身で説明文を書くこともできるわけです。

文学的文章のフレームも、説明的文章のフレームも、書くことだけでなく、話すこと・聞くことの表現活動にも活かすことができるのは、言うまでもありません。多様な表現場面で、フレームリーディングで身につけたフレームは活かすことができるのです。

4　フレームリーディングとつけたい力

1　問題解決のための思考力を育てる

ステップ1【俯瞰した読み】文章全体を丸ごと読み、フレームをとらえる

↓

ステップ2【問題点・疑問点の解決のために焦点化した読み】必要に応じて詳細に読む

↓

ステップ3【全体を再統合する読み】詳細な読みを基に、再び全体を見直して読む

←読みのプロセスであり、思考のプロセスでもある

フレームリーディングは、何も読み書きに止まるプロセスではありません。人のものの見方・考え方、すなわち問題解決のための思考力を育むことも可能です。ここに、フレームリーディングが、子どもの資質・能力の育成につながる大きなポイントがあるのです。

まず、フレームリーディングの手法の流れそのものを見直してみましょう。文章全体を俯瞰し、そこから問題点や

疑問点を洗い出し、その解決のために焦点化して考えます。そのうえで、再び全体を再統合して全体をとらえ直します。こうした一連の読みの流れは、学校現場で行われる問題解決や課題解決の学習プロセスに当てはまります。さらに、世の中に出てからも、こうしたプロセスでの課題解決場面はいくらでもあることです。ですから、フレームリーディングは、読みのプロセスに加えて、思考のプロセスだということもできるのです。

2　多面的・多角的にとらえて構造化する力を育む

一つの文章（情報）は、多面的・多角的にとらえることができます。『ごんぎつね』（四年）という物語を、ごんの立場で読み解くとどのようなことが分かるか、また兵十の立場で読んだ場合は、どのようなことに気づくか、などと立場を変えて読んでみることも可能でしょう。そうした読み方を基に、作品を二次元、三次元でとらえ、それを構造化しようとする読み方を学ぶこともできるわけです。

このような思考のプロセスや方法は、国語科のみならず、教科を越えた汎用的なスキルとして身につけていく必要があります。

一つのものを多面的・多角的にとらえる力は、高度情報化社会においては欠かすことのできない能力です。目の前にある情報に対して、その真偽を問い、別の見方はないかと可能性を探ることはとても大切なことです。ここでいう情報とは、何も文字によるものとは限りません。世の中のあらゆる事象が、情報となり得るのです。

これからの世の中で生きていくうえでは、「未知に対応する能力」を育成する必要があります。そのためにも、子どもに多様なフレームをもたせることが必要であり、そのフレームを、時には正面から、時には上から、あるいはやや斜めから、などと多様な方向から当てはめてみようとする思考法が大切になっていきます。

フレームリーディングを通して、そのような多様な思考の方法を子どもに身につけさせることが可能になります。フレームリーディングは、未来を、新しい時代を生き抜くために必要な資質・能力を育むことにつながる重要な学びの手法であるということができます。

1　文部科学省「次期学習指導要領等に向けたこれまでの審議のまとめについて（報告）」（二〇一六年八月二十六日）

第1章

フレームリーディングのステップ1

―文章全体を丸ごと読み、フレームをとらえる

1　フレームリーディングの切り口で授業が変わる

フレームリーディングを使うよさは前章で述べたとおりです。それでは、具体的にどのように授業が変わるのか、ステップごとに、物語・説明文それぞれについて見ていきましょう。

ステップ１に入る前に最初にすべきことは、物語・説明文の基本的な構造と特徴について押さえることです。

1　基本構造と読み取るべきことがら

(1)　物語の基本構造

すべての物語は、次ページの図のような基本構造になっています。

一番基本的な物語の骨格は「Ａ→Ａ′」です。物語の中では、あることが、大きく変わります。何がどのように変わったのかを読み取ることが、物語を理解するということになります。

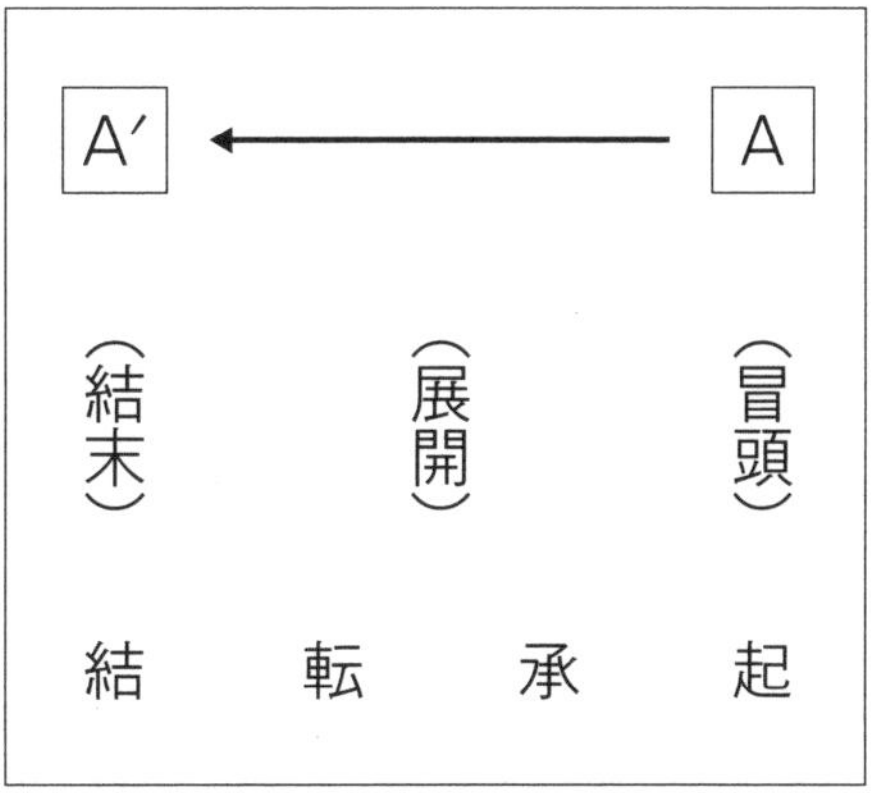

図：物語の基本構造

また、物語は、大きく三つのまとまりに分けることもできます。冒頭（物語の始まりの場面）→展開（いくつかの場面によって、物語が進んでいく場面）→結末（何かが変わったあとの場面）です。説明文も「はじめ」→「中」→「おわり」の三つに分けられますね。実は物語も同じなのです。

物語の三つのうち、「展開」場面は大きく二つにまとめられる場合があります。これを、「起承転結」に当てはめると、「冒頭」は、「起」に対応させてとらえることができます。「展開」は、「承」と「転」に対応します。そして、「結末」は「結」に対応するわけです。「展開」場面の「承」で、何か出来事が起こり、「転」の場面で、何かが変わる、という流れになるのです。

（2）物語では何が読み取れればいいのか

では、物語の中では、何が変わるのでしょうか。実は、変わるものは、いろいろあります。それなのに、「気持ちが変わる」とだけ考えてしまうと、「気持ちを読み取る」という授業が六年間繰り返されることになります。物語の中で変わるものは、気持ちだけではありません。

例えば、一年生の『おおきなかぶ』では、冒頭場面で抜けなかったかぶが、結末場面で抜けたのですから、出来事（事象）が変わったといえます。二年生の『スイミー』では、中心人物であるスイミーの気持ちが変わりました。四年生の『ごんぎつね』は、ごんと兵十の関係が変わった作品であるととらえることができるでしょう。五年生の『大造じいさんとガン』では、大造じいさんの、残雪に対する見方や考え方が変わったと考えられます。そして、六年生の『きつねの窓』や『海の命』は、中心人物の生き方が変わったのだといえます。

このように、学年の発達段階に応じて、物語作品の中で変わるものもバージョンアップしているのだと考えることが大切です。これがとらえられると、授業が変わるはずです。そのうえで「何が、どのように変わったのか」を読み取る授業をすることが必要になります。

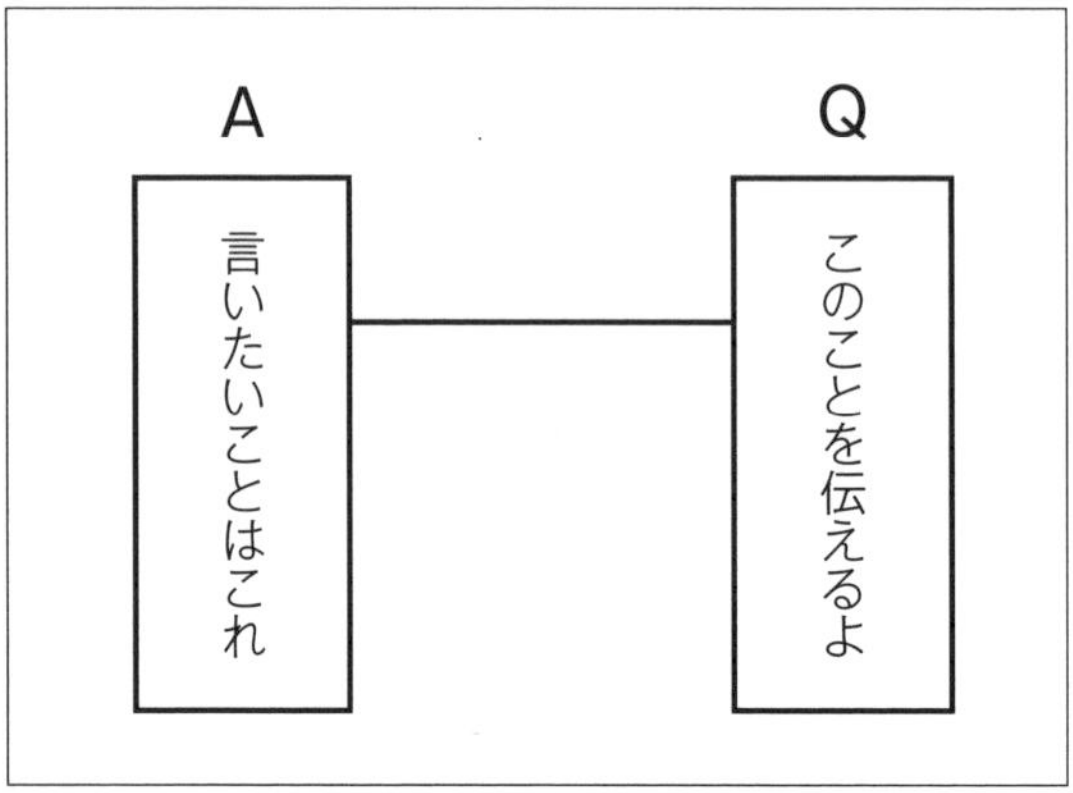

図：説明文の基本構造

(3) 説明文の基本構造

一方で、説明文の基本形は、Q→Aになっています。

筆者は、まず何のことをこれから伝えたいと思っているのかを書きます。多くの場合、伝えたいことはQ、つまり「問い」の形で書かれます。

「問い」とは、筆者が分からないことを読者に尋ねるために書いているのではありません。むしろその逆で、筆者が伝えたいことを、あえて疑問の形で投げかけているわけです。

そして、「問い」の答えAとして、「答え」が示されます。

「結局、私が言いたいことはこういうことですよ」という内容

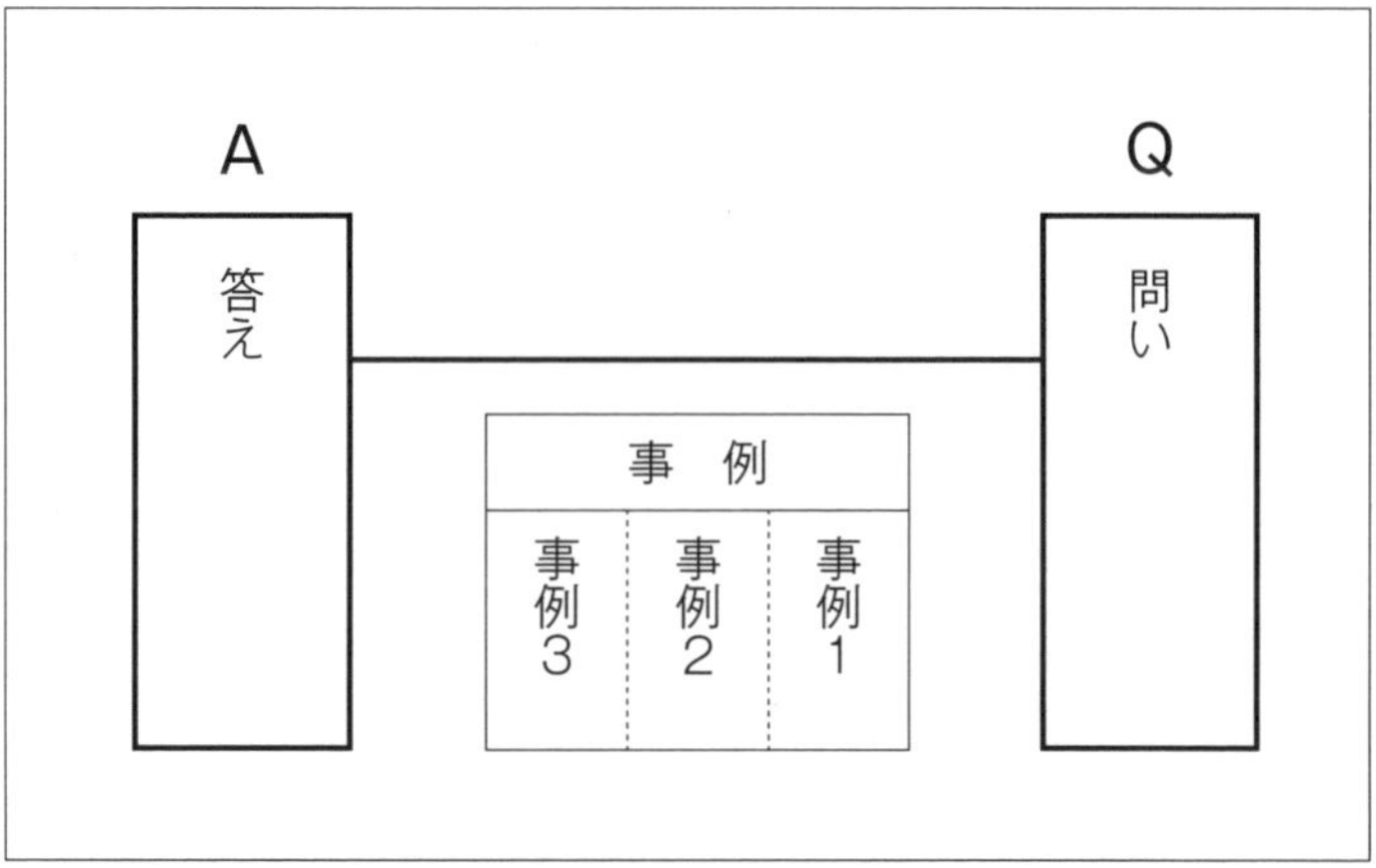

を、問いの答えとして示しているのです。

「Q問い」→「A答え」、これが説明文のもっともシンプルなフレームです。

Qの問いで「これからこのことを伝えたいよ」と示した後に、すぐにAの答えが書かれる説明文は、低学年の初歩的な段階で示されます。

次の段階の説明文になると、Qの後すぐにはAが書かれません。読み手に納得してもらうために、QとAの間に、具体的な「事例」を書く場合が多いのです。

読み手にしてみれば、具体的に「これはこうでしょ」「この場合はこうですよね」と、説明してもらったほうが、より分かりやすくなります。ですから、多くの説明文には、Qの問いとAの答えの間に、「事例」が紹介されているのです。

その事例も、一つより二つ、二つより三つと多く紹介されていた方が、説得力が増すでしょう。読み手は「なるほど」と思いながら読み進めてくれるわけです。そこで、事例は、いくつか複数書かれている場合が多くなります。

結果として、説明文の文章は、「Q→事例→A」という、三つに分かれていることが多いのです。これを、「はじめ→中→おわり」というように言っています。

ただし、すべての説明文が三つに分かれるかというとそうではありません。あくまでも、これが基本のフレームであるということです。

(4) 説明文では何が読み取れればいいのか

それでは、説明文と物語の違いは何でしょうか? 説明文は、筆者が何か伝えたいことがあって、それを読む人(読者:ここでは読み手としての子ども)に少しでも分かりやすく伝えるために書かれた文章です。ですから、読み手は、「筆者は何が言いたいのだろう」「書いた人は、何を伝えたいのかな」と考えながら読むことがもっとも大切です。

それに対して物語は、その作品から何を受け止めるかは、基本的に読み手にゆだねられています。例えば、『一つの花』(四年)を読んだときに、ある人は「家族を引き裂く戦争の残酷さ」を感じ取るかもしれません。一方で他の人は「戦争の時代に生きた家族の絆」を受け止めるかもしれません。作品が書かれるときには、作者は何らかのメッセージを込めるでしょうが、作品が作者の手を離れ、読者に渡ったときには、その作品をどのように受け止めるかは、読者次第だということです。

説明文では、このようなことがあるのはよくありません。読む人によって、受け止めるものが異なる説明文は、あまりよい説明文とは言えないのです。

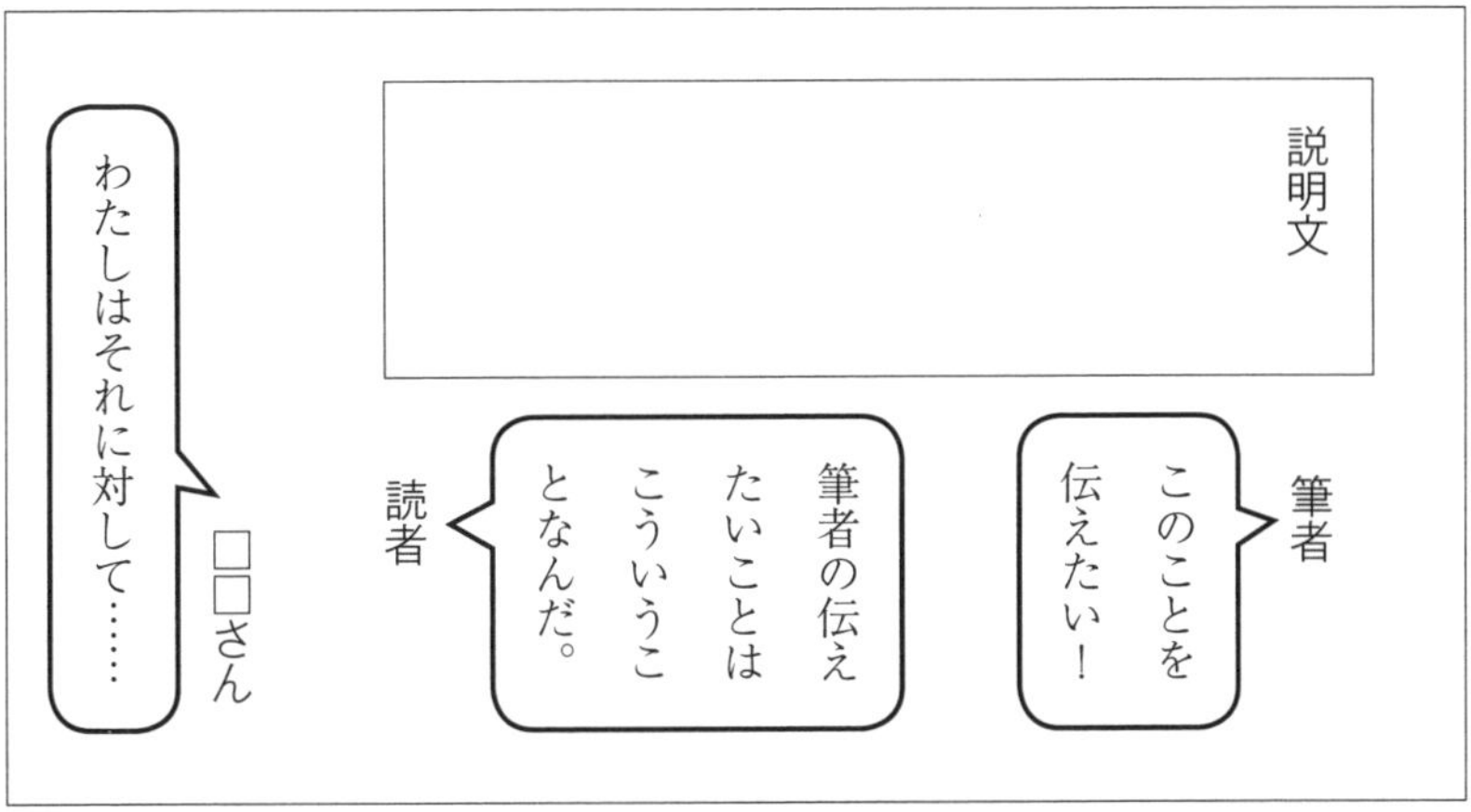

上の図のように、筆者は、あることを伝えようとして、説明文を書きます。「私が言いたいのはこのことだ！」と、筆者の考えが全面に出ますから、「この文章をだれが書いたのか」という、筆者名はとても大切です。

説明文を読むことによって、「筆者が伝えたいことは、こういうことなのだ」と読み手はその内容を正確に読み取ることが大切です。それに対して、「でも自分はその考えには反対だな」とか、「筆者の言いたいことは分かったけれど、この文章だけでは、私は百パーセント納得はできないな」などと読者としての考えをもつことはいいことですし、そのような読み手になることがとても重要です。ただし、それはあくまでも筆者の伝えたいことを正確に受け止めてからのことです。

もう一度物語と対比させて考えてみますが、物語は、作品自体を読み手がどのように受け止めるかが大切なのです。小学校の段階では、『一つの花』の作者である今西祐行さんを知らなくても、作品は読めます。作者は直接関係ないのです。しかし、説明文は違います。あくまでも、筆者その人の主張を受け止めることが重視されます。

以上が、物語と説明文の基本的な構造と特徴です。

ここからは、それぞれの構造と種類について、より細かく分類をしていきます。分類することはフレームリーディングのステップ1の基礎中の基礎といってよいでしょう。

2 物語には三つの構造《フレーム》がある

(1) くり返し型の物語

①くり返し型の物語の構造

物語には、**構造**があります。その一つが「くり返し型」で、くり返しの構造をもつ物語です。すぐに思い浮かべるのは、『三匹の子ぶた』や『はらぺこあおむし』などではないでしょうか。これらは教科書教材ではありませんが、低学年の教科書には、この「くり返し型」の作品が掲載されています。

さらに、「くり返し型」の物語は大きく二つのフレームに分けてとらえることができます。

一つは、登場人物が次々に代わっていく、あるいは増えていくような作品です。『おおきなかぶ』(一年)はその代表作です。この作品は、かぶを抜くために、おじいさん、おばあさん、まご、犬、ねこ、ねずみと、登場人物が増えていきますね。ウクライナの民話で、絵本になっている『てぶくろ』という作品も、この仲間です。

もう一つは、登場人物はそのままで、出来事がくり返される作品です。昔話に『三枚のおふだ』という作品があります。小僧さんがやまんばから逃げるために、和尚さんからもらった御札を一枚ずつ使って難を逃れるという展開です。人物は代わったり、増えたりせずに、出来事だけがくり返されていきます。

くり返し型の物語構造

「おおきなかぶ」型	「三枚のおふだ」型
おじいさん	小僧がやまんばから逃げるために……
おじいさん＋おばあさん	一枚目のおふだ（返事をする）
おじいさん＋おばあさん＋まご	二枚目のおふだ（大水を出す）
（人物が増える、代わる）	三枚目のおふだ（火の山を出す）

②くり返し型の物語のフレームリーディング ―「数える」と構造がつかめる

くり返し型の作品は、数えることで構造や内容を把握することができます。

「このお話の登場人物は何人ですか？」
「この物語は、いくつの出来事がありますか」

登場する人物の数や、くり返される出来事の数を数えることで、子どもに、「くり返し型」の物語のフレームができていきます。

(2) 事件型の物語

①事件型の物語の構造

くり返し型と違って、物語に大きな出来事（これを「事件」と呼んでいます）が描かれ、その出来事を通して、中心人物が変容していく作品もあります。これが「事件型」の物語です。作品が「起承転結」で描かれるものは、多くがこの「事件型」に分類できるでしょう。

事件型の物語構造

起	冒頭場面	おくびょう豆太
承	展開場面	昼間はいばる豆太 夜にはまたおくびょうにもどってしまう豆太
	（山場場面）	夜中にじさまのうなり声で起きる

ここでは、『モチモチの木』（三年）を例に話を進めます。

この作品では、豆太は、おくびょう者として冒頭場面で紹介されます。語り手が、「全く、豆太ほどおくびょうなやつはない」と言い切っています。

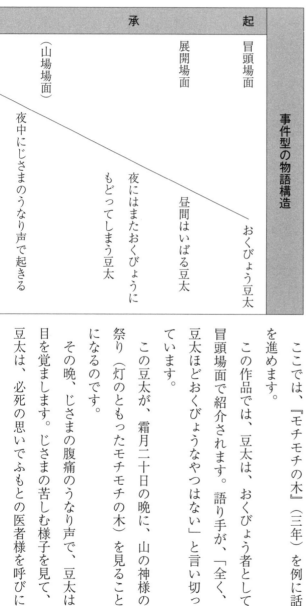

この豆太が、霜月二十日の晩に、山の神様の祭り（灯のともったモチモチの木）を見ることになるのです。

その晩、じさまの腹痛のうなり声で、豆太は目を覚まします。じさまの苦しむ様子を見て、豆太は、必死の思いでふもとの医者様を呼びに

転	結
夢中でふもとの医者様を呼びに行く豆太 （クライマックス） 医者様におぶわれて、モチモチの木に灯がともっているのを見た豆太	結末場面 元気になったじさまを また夜中に起こす豆太

行きました。この場面がクライマックス場面です。豆太は、じさまを助けたい一心で、勇気を振り絞ることができたのです。もっとも大きな変容です。

それでも、結末場面では、夜中にじさまを起こす豆太が描かれています。物語の基本骨格が、A→Bではなく、A→A′で示されるのは、このようにまったく別の人格に変わるからではなく、変わらない部分もあるから、という理由です。

②事件型の物語のフレームリーディング—「数える」から「選ぶ」で内容と構造をつかむ

基本的に出来事は大きな一つのことですから、まず数えるのは、登場人物になります。その中から、中心人物を選びます。ここからフレームリーディングのステップ2につながっていくわけです。中心人物を選び、その中心人物が一番大きく変容した場面を選ぶことで、作品の山場の場面（クライマックス場面）を仮定し、それを検証していく精査・解釈の読み、つまり焦点化した読みのステップに進みます。

(3) ダブル型の物語

①ダブル型の物語の構造

「ダブル型」とは、物語の展開の中に、大きな事件と、小さな出来事のくり返し構造の両方を併せもっている作品のことです。代表的な作品に『きつねのおきゃくさま』（二年）があります。

ダブル型の作品構造

起	冒頭場面	はらぺこきつねが ひよこに出会う 「きつねおにいちゃんてやさしいねえ」
承	展開場面	あひるに出会う 「きつねおにいちゃんはとっても親切なんだよ」

はらぺこきつねが、ひよこに出会います。ひよこはやせていたので、きつねはお世話をして、太らせてから食べようと考えました。ひよこに、「やさしいねえ」などと言われて、少しいい気持ちになっています。

その後、きつねはあひる、うさぎと出会います。この場面が「くり返し構造」になっています。

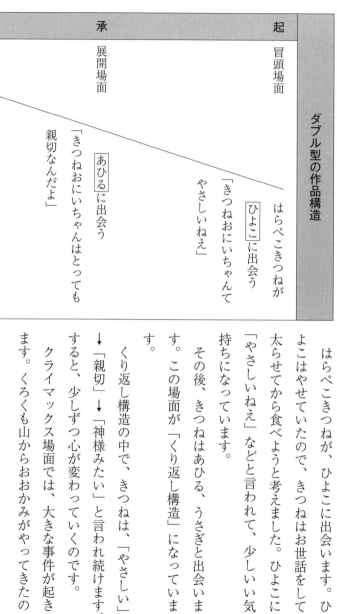

くり返し構造の中で、きつねは、「やさしい」→「親切」→「神様みたい」と言われ続けます。すると、少しずつ心が変わっていくのです。

クライマックス場面では、大きな事件が起きます。くろくも山からおおかみがやってきたの

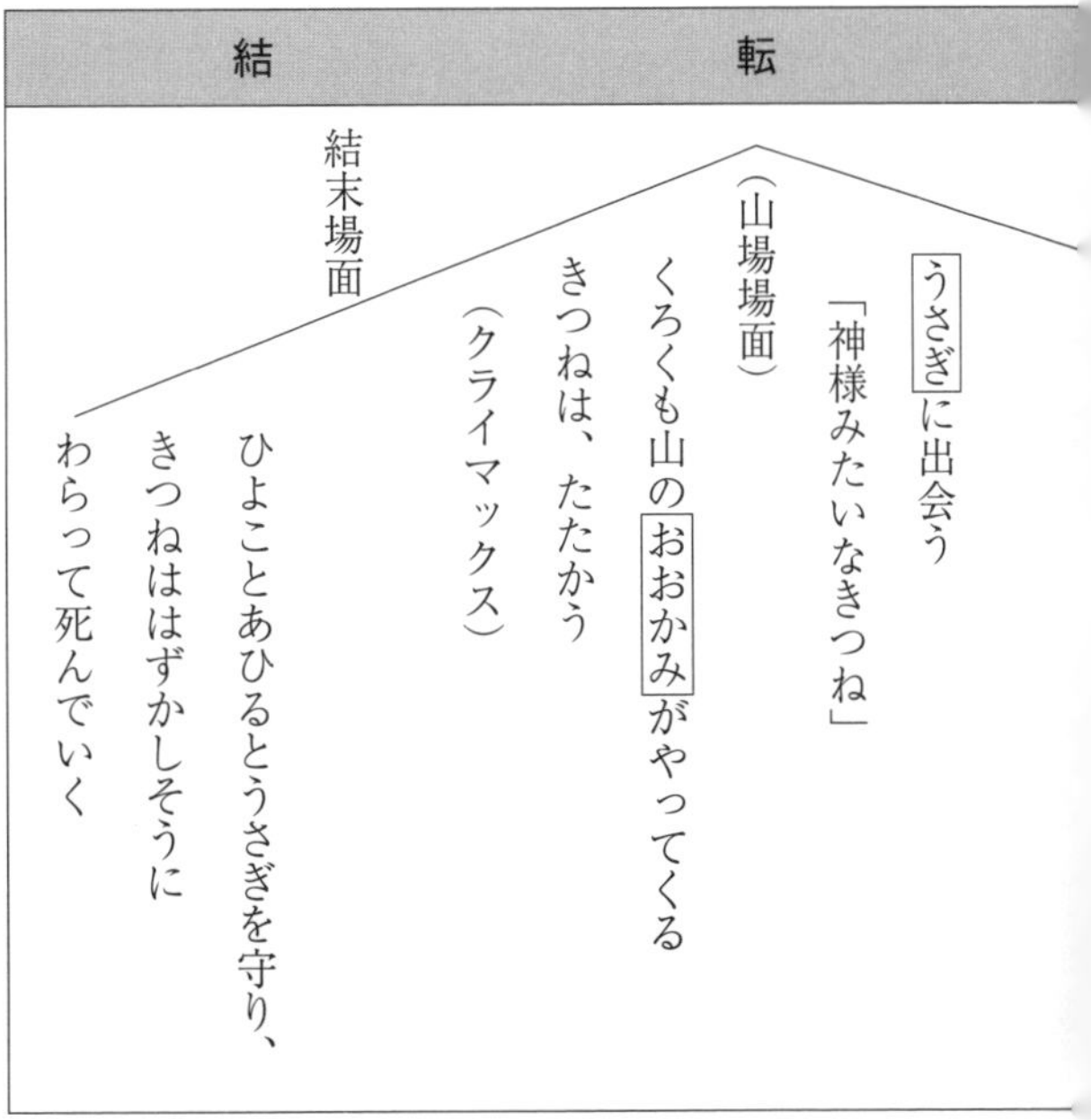
転
結
うさぎに出会う
「神様みたいなきつね」
（山場場面）
くろくも山のおおかみがやってくる
きつねは、たたかう
（クライマックス）
ひよことあひるとうさぎを守り、
きつねははずかしそうに
わらって死んでいく
結末場面

です。おおかみは、ひよことあひるとうさぎのにおいをかぎつけ、食べようとします。そこにきつねが飛び出して、おおかみとたたかいます。これが、「事件」の場面です。

このたたかいによって、きつねは、死んでしまいます。ひよことあひるとうさぎは、自分たちを守ってくれた英雄のためにお墓をつくる、というお話です。

この作品は、くり返しと、中心人物を変容させる大きな事件との両方が描かれている、「ダブル型」の作品であるといえます。

②ダブル型の物語のフレームリーディング―「数える」から「選ぶ」で内容と構造をつかむ

まずは「数える」ことで、くり返し構造をとらえます。次に「選ぶ」活動でフレームリーディングのステップ2につながり、中心人物がいつ大きく変容したかを精査・解釈していきます。

3　物語には三つの種類がある

前述の三つのフレーム（構造）と同様に大切なのが、物語の種類を知っておくことです。種類を知ると、このあとのステップ1のフレームリーディングがスムーズに進められます。

生活童話の基本構造

起	冒頭場面	ゲームのことでお父さんとけんかをした「ぼく」
承	展開場面	お父さんウィークが始まる お母さんの仲裁も聞かない お父さんの作るカレーに対する批判 なかなか素直に謝れない「ぼく」

(1) 生活童話

小学校の教科書に出てくるような物語は、大きく三つの種類に分けることができます。

その一つが、**「生活童話」**と呼ばれるものです。

物語は、基本的にすべてが虚構（創造された世界）ですが、その舞台が、家だったり学校だったりというように、登場人物の生活場面の中で描かれているものを「生活童話」と呼んでいます。

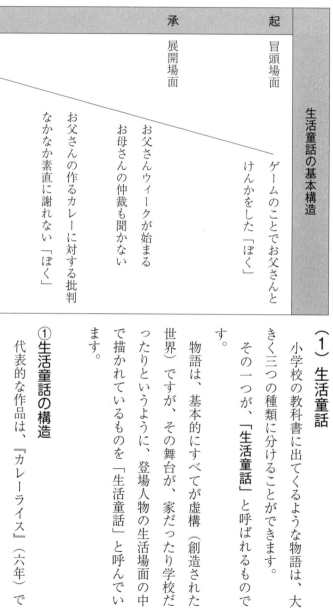

①生活童話の構造

代表的な作品は、『カレーライス』（六年）で

転	（山場場面） お父さんが風邪を引く お父さんと二人でカレーを作る お父さんと二人で食べたカレー
結	結末場面 「特製カレーは、ぴりっとからくて、でも、ほんのりあまかった」

す。この作品は、家や学校を舞台として、中心人物である「ぼく」と「お父さん」の心の交流を描いた作品です。その構造は、上のようになっています。

他にも、『一つの花』（四年）や『川とノリオ』（六年）のような、戦争が舞台になっている作品もここに含めます。

生活童話には、「くり返し型」も「事件型」もあると考えられますが、基本的な構造は、「事件型」になっている場合が多いでしょう。

②生活童話のフレームリーディング

まずは、登場人物を「数える」ことから始めます。物語に登場するのはだれかを俯瞰して読むことになります。

あるいは、出来事の数を「数える」場合もあります。『大造じいさんとガン』（五年）で大造じいさんが残雪をとらえるために、いくつの作戦を立てて実行したかを「数える」ような場合です。はっきりしない場合は、仮説として設定して、この後に詳しく読みながら、その仮説を検証していけばいいのです。

（2）メルヘン

物語の種類の中には、メルヘンと呼ばれるものがあります。生活童話が、実際の家庭や学校などといった現実場面を舞台にして、人間が登場人物になっているのに対して、設定自体が非現実の世界になっているものをさします。

①メルヘンの構造

まず、登場人物は人ではない場合が多いです。それは、例えば、『スイミー』（二年）や『やまなし』（六年）に代表されるものです。がまくんとかえるくんが登場する『お手紙』（二年）もメルヘンの仲間です。

人でない登場人物が擬人化されて、人のようにセリフを言い、行動します。こうした非現実の物語がメルヘンです。

メルヘンの基本構造は多様です。くり返し型になっているものもあれば、事件型の構造で描かれているものもあります。先に紹介した『きつねのおきゃくさま』（二年）もメルヘンですから、ダブル型の作品もあるということになります。

メルヘンの基本構造		
起	冒頭場面	きょうだいたちがまぐろに

②メルヘンのフレームリーディング

作品の構造が多様なので、フレームリーディングの手法も多様になります。さまざまな切り

承	転	結
展開場面 おそわれて、独りぼっちになったスイミー 海の中を泳いでいく さまざまな生き物たちに出会う （くり返し構造）	（山場場面） 岩かげに、なかまを見つける 知恵を出し合って泳ぐことを考える 「ぼくが、目になろう」	結末場面 大きな魚をおいはらった

口で読むことができるでしょう。

しかし、基本は他の物語を読むときと同じです。登場人物や場面、出来事の数を数えます。数えることで、作品の構造や内容は把握することができます。

メルヘンは、低中学年のうちは、メルヘンとして読めればいいのですが、高学年になったら、それは、人間以外の姿を借りた、人間の物語としてとらえ直すことが大切です。『やまなし』（六年）は、単なるかにの兄弟や親子の物語ではありません。登場人物のすべてを人間に置き換えて読み直すことができるのです。メルヘンは、人間の生き方に通じる作品であるとして、読み返すことができます。

(3) ファンタジー

①ファンタジーの構造

今まで紹介してきた生活童話とメルヘンの違いは、現実場面として描かれているかどうかというものでした。

ファンタジーの基本構造

起	現実	つり橋が渡れない トッコ
承	（スイッチ）	山の子どもたちの仲間に入れてもらえない 一人で遊んでも面白くない
転	非現実	まねばかりする不思議な男の子登場 追いかけているうちに橋が渡れた （こわいと思わなかった）

ファンタジーは、「現実」＋「非現実」で描かれている作品です。典型的な作品は上に示した『つり橋わたれ』（三年）ですが、ファンタジー作品は、教科書の中にもたくさん掲載されています。

『もうすぐ雨に』（三年）『白いぼうし』（四年）『初雪のふる日』（四年）『注文の多い料理店』（五年）『雪わたり』（五年）『きつねの窓』（六年）など実に多様です。

基本的な構造としては、「現実」→「非現実」→「現実」の場面で描かれます。そして、中心人物は、非現実の場面を通して、現実に戻ってきたときに変容している、という展開になります。

結	
（スイッチ）	男の子が消える
現実	山の子たちの仲間に入れた 山の暮らしが楽しくなった

②ファンタジーのフレームリーディング

ファンタジー作品には、必ず現実世界と非現実世界が描かれます。そして、現実から非現実へ、非現実から現実へと世界（場面）が変わるときに、ある合図（これを「スイッチ」と呼びます）があることがあります。ですから、フレームリーディングするときには、どこからどこまでが現実で、どこから非現実かという、場面の移り変わりに着目して読めるとよいでしょう。その中で、スイッチは何かを探ります。（スイッチがはっきりと描かれていない作品もたくさんあるので、注意が必要です。）スイッチは、入り口（現実↓非現実）と出口（非現実↓現実）で同じものであるというのが原則です。

そのうえで、中心人物がどのように変容したのかをとらえます。ファンタジーの非現実場面は、中心人物を変容させるためにあるということができるのです。

生活童話やメルヘンと比べると、ファンタジーは特別な構造をもっているといえます。それだけ、読み解く楽しみがたくさんあるということもできるでしょう。

4　説明文には四つの構造《フレーム》がある

A　時系列型（れっしゃ型）

①手順1
②手順2
③手順3
④手順4
⑤おわり

B　頭括型（あたま型）

①まとめ
②事例1
③事例2
④事例3

(1) 説明文は四つのフレームに分類できる

小学校の教科書に出てくる説明文は、基本的に上図の四つのフレームのものしかありません。つまり、この四つのフレームを子どもにもたせれば、すべての説明文が読めるということです。

Aのフレームは、時間の流れや事柄の流れに沿って順序よく書かれているものです。時系列型といえるでしょう。低学年によく出てくる、「○○のつくり方」や、「○○の育ち方」などが、このフレームで書かれています。基本的に順序よく書かれているので、段落の順番を入れ替えることはできません。

このようなフレームの説明文を、子どもたちと「れっしゃ型」と名付けました。列車の車両が順序よくつながっているというイメージです。

Bのフレームは、まず結論を示すという頭括型のフレームです。結論を先に示して、その後に具体的な事例や、結論を支える根拠をいくつか示しています。②③④段落で示されている事

C　尾括型（おしり型）

①事例1
②事例2
③事例3
④まとめ

D　双括型（サンドイッチ型）

①まとめ1
②事例1
③事例2
④事例3
⑤まとめ2

例は、基本的には入れ替え可能になっているはずです。

このフレームの説明文を、子どもたちと「あたま型」と名付けています。

Cのフレームは、先に事例が紹介されて、最後にそれをまとめているものです。一般的には「尾括型」と呼ばれていますが、その言葉は子どもには難しいので、「おしり型」と名付けています。

Dのフレームは、「双括型」と呼ばれるもので、最初と最後にまとめが書かれています。子どもたちは「サンドイッチ型」と名付けました。具体的事例を、まとめがはさんでいるというイメージです。

四つのフレームを、子どもに分かりやすい名前で呼ぶことによって、文章のフレームをよりイメージしやすくしています。

さらに説明文の四つのフレームは、読むときにはもちろんですが、子どもが説明文を書くときにもとても役に立ちます。

(2) 四つのフレームの構造図

A れっしゃ型（時系列型）

時間や事柄の順序に沿って書かれている

B あたま型（頭括型）

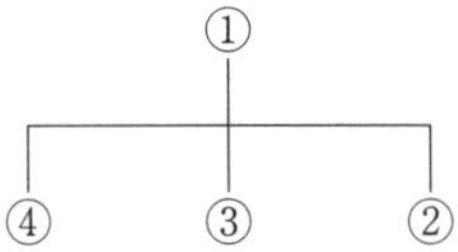

事例②③④は入れ替え可能

説明文の四つのフレームを、段落構成図で示すと上図のようになります。

Aのれっしゃ型の説明文は、時間や事柄を順序よく説明しているので、基本的に縦一直線に並びます。

段落構成図における段落の並べ方は、基本的に縦か横しかありません。縦に並べるときは、その段落はその順番通りに置かれるべき場合です。横に並べるときは、内容を考えて入れ替え可能な場合です。入れ替えられるかそうでないかは、あくまでも内容で考えます。「はじめに」「つぎに」などというつなぎ言葉やナンバリングを視野に入れてしまうと、入れ替えはできなくなります。

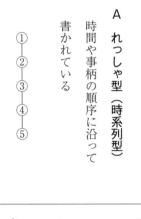

Bのあたま型は、まず①段落でまとめを示して、その後に具体的な事例やまとめに対する理由・根拠が書かれます。ですから、上の図の場合は②③④は入れ替え可能と考えて、構成図は横に並べています。

Cのおしり型の説明文は、はじめに事例が紹介されます。こ

C　おしり型（尾括型）

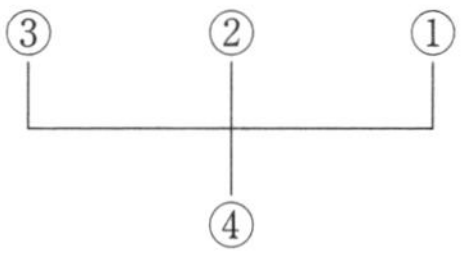

事例①②③は
入れ替え可能

D　サンドイッチ型（双括型）

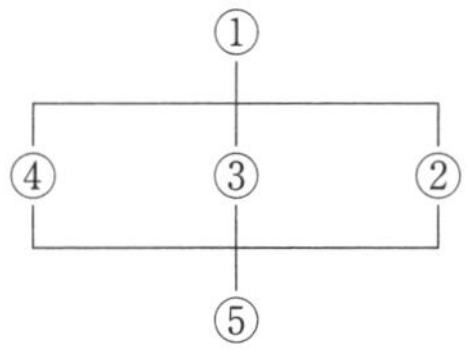

事例②③④は
入れ替え可能

まとめ①より
⑤はより強調

の事例は入れ替え可能な場合が多いので、横に並べています。

もちろん、すべての説明文の事例が入れ替え可能かというと、けっしてそうではないので、それぞれの説明文の内容をよく読んで、入れ替え可能かどうかを判断してから構成図で示す必要があります。

Dのサンドイッチ型の説明文は、冒頭にまとめが書かれていて、その後に具体的な事例が示されます。この事例は入れ替え可能と想定して横に並べています。最後にもう一度まとめがきます。

サンドイッチ型の二つのまとめは、基本的には似たような書きぶりになっているはずですが、後に来るまとめのほうがより強調されているはずです。つまり、①と⑤では、⑤の方が、筆者の主張や思いがより強く示されていることになります。

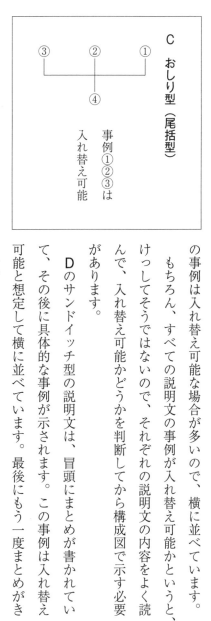

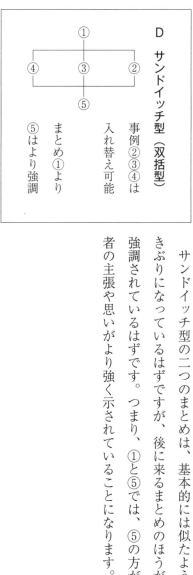

5　説明文には四つの種類がある

説明文には、いろいろな種類があります。例えば、紹介文、実験観察文、意見文、論説文などです。すべてをまとめて説明文と呼んでいますが、それぞれの筆者は、目的に応じて伝えたいことを伝わりやすいように書いているはずです。

(1)れっしゃ型のフレームで書かれる説明文

『どうぶつ園のじゅうい』(二年)のように、獣医さんの仕事を、一日の流れに沿って紹介している文章があります。これは、前に述べた説明文の型に当てはめると、時間の経過に合わせて順序よく書かれている「れっしゃ型」ということになります。

また、『○○のつくり方』などを紹介する「説明書」も、れっしゃ型のフレームで書かれます。つくり方の手順を入れ替えてしまってはよくありません。

さらに、『○○が大きくなるまで』『○○の一生』のような成長記録文も、基本的にれっしゃ型のフレームです。紹介される生き物が生まれてから、次の世代を残して命をまっとうするまでの記録が順序よく書かれています。

◆れっしゃ型のフレームの例

紹介文

①―②―③―④―⑤

朝　午前中　午後　夜　帰り

説明書

①―②―③―④―⑤

準備　つくり方の手順

成長記録文

①―②―③―④

誕生　子ども　大人　次の世代へ

実験観察文

①―②―③

疑問→実験1→結果と考察→

④―⑤

実験2→結果と考察→

⑥

結論・まとめ

実験観察文には、『ありの行列』（三年）や『花を見つける手がかり』（四年）などがあります。これら実験観察文のフレームは、基本的に「れっしゃ型」になります。

はじめに疑問や解決したい問題があって、それを解決するために実験や観察をします。そして明らかになったことや、さらに解決しなければならないことが分かってから、ようやく次に何をすればよいのかが見えてきます。ですから、むやみに内容の入れ替えはできません。

実験観察文には、論理的な思考が強く働きます。まずは何が疑問なのかをしっかりと読むこと、次に、その疑問を解くために何が行われ、何が分かったのか、何がまだ分かっていないのかを整理しながら読み進める必要があります。

（2）あたま型のフレームで書かれる説明文

『くちばし』（一年）のような紹介文のフレームもあります。これは、あたま型のフレームで説明されているといえます。まずは、これから何を紹介するのかという、全体の投げかけが書かれています。その次に、具体的な鳥のくちばしが紹介されています。それぞれの具体的な内容の部分を「事例」といいます。『くちばし』の説明文で紹介されているそれぞれの事例は、入れ替え可能ですね。ですから、構成図では横に並べて示します。

◆あたま型のフレームの例

紹介文

①

②（事例1）　③（事例2）　④（事例3）

『くちばし』の他には、同じ一年生の『はたらくじどう車』などがありますが、あたま型のフレームの説明文はあまり多くありません。

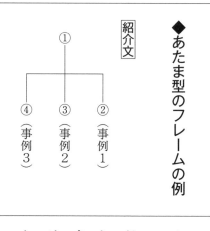

（3）おしり型のフレームで書かれる説明文

◆おしり型のフレームの例

紹介文

低学年、中学年の教科書に出てくる説明文の多くは、おしり型のフレームで書かれています。

はじめに、これから何についての話をするのかという、「話題提示」があります。それから、その話題に関しての「問い」の段落が示されますが、『すがたをかえる大豆』（三年）のように「問い」の段落のない説明文もあります。

その後で、具体的な事例を紹介する段落がいくつか並べられているのが基本的なフレームです。そして最後に、問いの答えを整理し、筆者が伝えたいことが書かれている「まとめ」の段落で締めくくります。

同じように、意見文もおしり型のフレームで書かれることがあります。話題を提示し、問いのかたちで問題提起して、それについての意見を述べ、最後に意見をまとめるというフレームです。

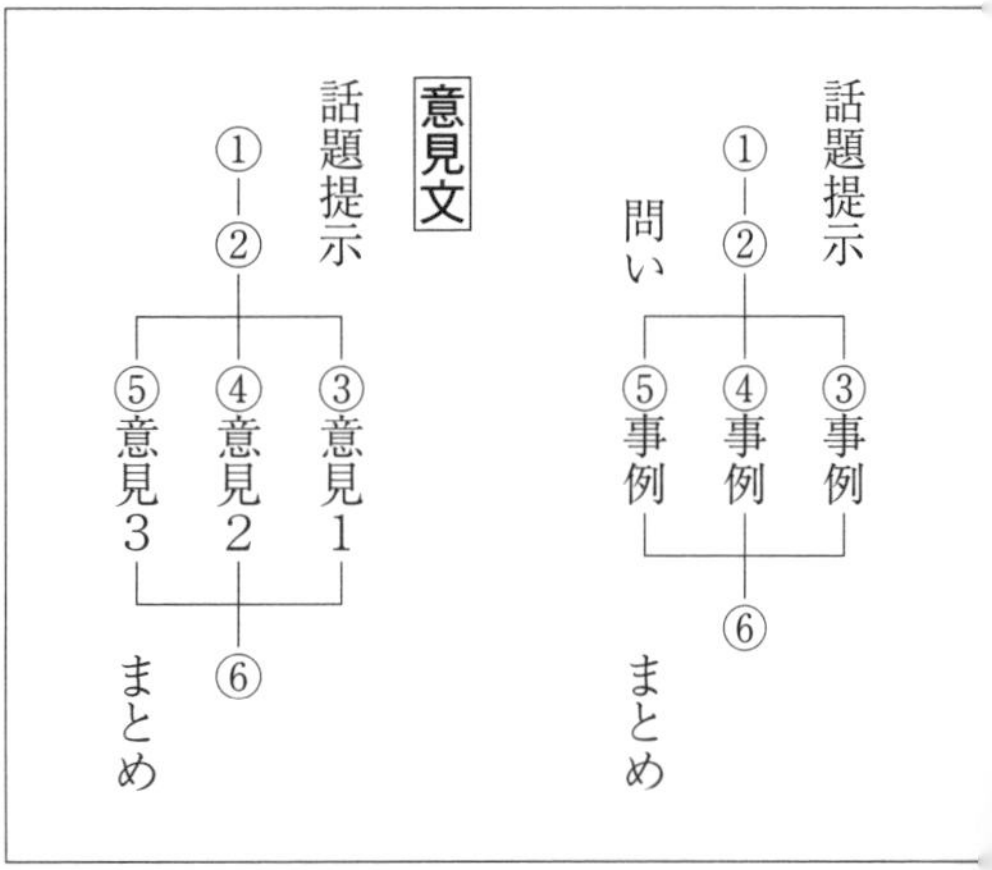

説明文を「はじめ—中—おわり」の三つに分けることが学習活動ではよく行われます。基本的に「はじめ」は話題提示と問い、「中」は具体的事例や意見、「おわり」はまとめや筆者の主張になっていることが多いのですが、あまり固定的に考えない方がいいでしょう。

（4）サンドイッチ型のフレームで書かれる説明文

◆サンドイッチ型のフレームの例

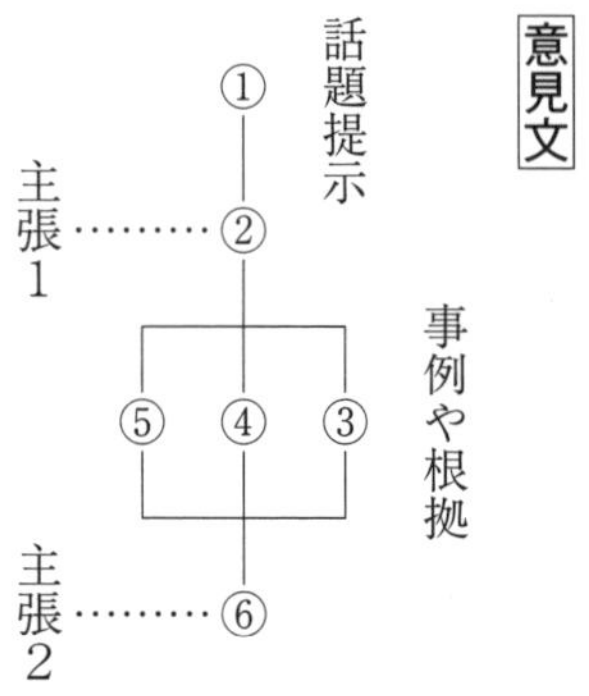

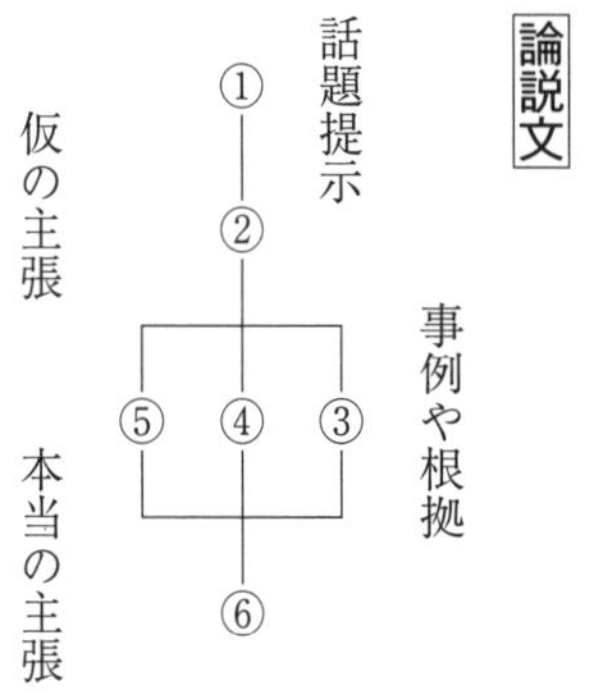

あたま型の説明文は低学年に多く出てきて、おしり型の説明文は低学年の後半から中学年にたくさん登場してきます。その後になってよく教科書に出てくるのがサンドイッチ型、つまり双括型のフレームをもつ文章です。

五年生の『生き物は円柱形』などはその代表例ですが、やはり、最初と最後に筆者のいいたいこと、主張が書かれているのというのは、それだけ筆者が伝えたいという強い思いをもっているからこそ、このフレームを使って書くのでしょう。意見文や論説文に多く見ることのできるフレームといえます。

サンドイッチ型といっても、前ぶれなくいきなり筆者の主張にはならないので、多くの場合は話題提示の段落から示され、その後に、筆者の主張その1が書かれています。

そして具体的な事例や、主張その1に対する筆者の根拠の説明があり、最後にもう一度主張その2を置いて、伝えたいことをより強調する書き方になります。

当然、主張その1より主張その2の方がより強調された書きぶりになりますから、どちらがより重みがあるかといえば、そ

主語　←　主語
ぼくは……　わたしたちは
わたしは……　人は……
※主語のレベルを
使い分けている

れは主張その2になります。

上の左図にまとめたフレームは、一見すると右図に示したサンドイッチ型のフレームとまったく同じに見えますが、最初の主張と最後の主張の説明が異なります。

主張その1は、話題や問いに対して、まず筆者自身が個人の考えとして提示した、いわば仮の答えが書かれています。その仮の答えについて、より一般性、客観性をもたせるために、事例や根拠を取り上げ、その上で、主張その2でまとめるという論の展開です。

こうした「個人的な仮の主張」↓「より一般性・客観性の高い主張」というフレームは、『ぼくの世界、きみの世界』（六年）などの文章で見られます。その場合、主張の重みの違いは、主語の違いなどではっきりと示されています。

以上が、物語と説明文の基本的な構造と種類です。これを踏まえたうえで、ステップ1のフレームリーディング：文章全体を丸ごと読み、フレームをとらえるための具体的な手法を見ていきましょう。

COLUMN

フレームリーディングを支える理論と実践

スキーマ理論

一九七〇年代になって、認知心理学という分野の研究が急速に進むようになりました。その中から提唱されてきたのが、「スキーマ理論」というものです。

スキーマとは、簡単に言うと、人がもつ知識や行動様式の枠組みのことです。

例えば、幼い頃からお話の読み聞かせなどをお家の人にしてもらってきた人は、新しい物語を読むときに、続きを予想できたり結末を推測できたりします。時には、書かれていない行間を読むこともできるわけです。このような場合に働くのが「物語スキーマ」と呼ばれるものです。

今読んでいる場面は辛くて悲しい場面だけれど、最後はきっと〝めでたしめでたし〟で終わるだろうと考えながら読み進めていくことができるのも、物語スキーマの働きによるものなのです。

人は、さまざまな場面で、そのシチュエーションにもっとも適したスキーマを活性化させて、物事に対処していると考えられています。

文章理解におけるスキーマ理論の研究は、一九八〇年代にはとても活発になり、日本読書学会発行の『読書科学』などに多くの研究論文が掲載されるようになりました。

この理論を活かして、子どもたちに多様な文章理解のスキーマをもたせれば、よりレベルの高い情報処理が可能になるはずです。この考え方が、本書に書かれている「子どもにフレームをもたせる」ということなのです。

整理され、構造化されたフレームを子どもたちにもたせることで、そのフレームを活用した情報の理解や、表現ができるようになるであろうというのが、フレームリーディングの出発点です。この考え方は、まさに「スキーマ理論」に基づいているのです。

科学的読みの授業

文章を丸ごと読む授業実践を具体的、体系的に進めてきたのが、大西忠治氏の提唱した科学的読みの授業です。大西氏らは、一九八〇年代から、文章を丸ごと読み、その構造をとらえる読みの授業を提唱しました。例えば、物語作品の冒頭―事件―山場―クライマックス―結末などの構造を、子どもたちがとらえていく読みの授業方法です。文章を、つながりのあるひとまとまりとしてとらえ、授業化した先駆的な実践研究でした。

前述した「スキーマ理論」と、この「科学的読み方授業研究」が私の中で重なり、フレームリーディングが生まれる礎となりました。

文章をぶつ切りにしない、丸ごと読むことが大事だ、とは昔から言われてきたことです。が、実際に四十五分という限られた時間の中で、子どもの読む力を伸ばすことのできる、文章を丸ごと読む授業をいかに展開するかということは、私の中での長年の課題でした。そのヒントとなったのが、ここに紹介した二つの理論・実践なのです。

2　ステップ1ですべきことは、「数える」こと

フレームリーディングのステップ1では、物語・説明文を問わず、「数える」ことが何よりも大切です。「数える」ことなくしてフレームリーディングは成り立たないといってもいいくらいです。

物語・説明文それぞれで何を数えたらよいのか、見ていきましょう。

1　「数える」ことで物語の授業をつくる

(1) 登場人物を数えて物語の基本構造を読む

物語のフレームをとらえるための重要な切り口が「数える」ことです。物語には、登場人物が出てきて、その人数えることで、物語の基本的な内容や構造はつかめます。物語には、登場人物が出てきて、その人物がストーリーをつくります。ですから、登場人物を数える活動は、すべての物語を読む学習の中の一番基本的なフレームリーディングということになります。登場人物を数える学習は、物語の全体を俯瞰する読みになります。今読んでいる物語には、いったいどのような人物が出てくるのか、まずは

その全体像をつかまなければなりません。

物語には、必ず「登場人物」がいます。登場人物の定義は、次のようになります。

> 登場人物：人格をもって主体的に行動するものや人

しかし、子どもにとってこの定義は難しくて、説明されても理解できません。そこで、登場人物の定義も、低学年から次第にバージョンアップさせていくのがよいでしょう。


まずは、『おおきなかぶ』（一年）などの作品で、「登場人物とは何か」を学びます。

子どもたちに、次のように発問してみましょう。

「このお話に出てくる人は何人ですか？」

子どもたちは、いくつかの答えを返してくるはずです。ある子は「三人」と数えます。他の子は「六人」と答えるでしょう。「七人」と答える子どももいるかもしれません。これらの答えには、それぞれに理由があります。

「三人」と答えた子どもは、教師の発問を真面目に受け止めて、この作品に登場する「人間」の数を数えたわけです。「おじいさ

ん、おばあさん、まご」の三人は、確かにこの作品に出てくる人の数です。

「六人」と答えた子どもは、「かぶを引っぱったのは、その三人だけではない」と考えました。そして、先の三人の人間に加えて「犬、ねこ、ねずみ」の動物たちを加えて数えたのです。「七人」と数えた子どもは、「かぶ」まで数えたことが分かります。

まずは、「だれを登場人物として数えるか」という活動を通して、「登場人物とは何か」という物語を読むうえで重要なことを学ぶわけです。

教師は、次のような低学年版の学習用語の定義をします。

「物語に出てくる人を、登場人物と呼ぶ。登場人物は人間とは限らない。人間以外でも、登場人物であれば〇人と数える。登場人物の目印は『セリフ』があるかないか」

登場人物を数えると違いが分かる

『おおきなかぶ』	『お手紙』
おじいさん おばあさん まご	がまくん かえるくん かたつむり

また、登場人物を数えるうえで、大事なのは、登場する順序です。登場する人物を子どもに答えさせるときには、ばらばらに発表させるのではなく、「物語に出てきた順番に教えてね」と発言の順序を指定します。

上の表を見ると、事件型の『お手紙』（二年）は、基本的にがまくんとかえるくんの物語として話が進みます。ですから、登場人物も、がまくんとかえるくんが中心で、物語の後半にか

	犬 ねこ ねずみ
★お手紙をもらえずに悲しんでいるがまくんに、かえるくんが手紙を書く物語 （事件型）	★大きく育ったかぶを、みんなで抜く物語 （くり返し型）

えるくんの書いた手紙を届ける役としてかたつむりくんが登場するだけの、シンプルな人物設定になっています。

登場する人物を数えて、それを順番に黒板に並べて示すだけで、物語の基本構造が見えてくることになります。

学習指導要領の「情報と情報との関係について理解する」力の中で、「順序」に気をつけて理解することは、低学年で育てるべき読みの力としてとても重要です。

物語の構造を子どもにつかませるには、登場人物を数え、それを展開に合わせて順序よく出させること、そして、出てきた人物を作品の展開に合わせて工夫して板書することが大切です。教師の意図的な、構造化された板書が、子どもの俯瞰する読解力を身につけさせ、思考力を伸ばすことになります。

（２）登場人物を数えて作品のしかけを見つける

登場人物を数えると、物語の構造が見えてきます。ファンタジー作品については、その作品のしかけも見えてくることがあります。

四年生で学習する『白いぼうし』の登場人物を数えてみましょう。この物語にはさまざまな人物が出てきますから、だれを数えてだれを数えないかで意見が分かれるところです。登場人物を数えるためには、前述した登場人物とは何かという定義を把握しておくことが大切ですが、例えば、『白いぼうし』に出てくる「お客の紳士」は登場人物として数えますか？　では、「おまわりさん」は、どうでしょうか？　これだけで子どもたちに読むための問題意識を喚起することができます。

そして、子どもたちの意見が分かれるもっとも大切な意見が、「松井さんの車に乗ってきた女の子は、白いぼうしから逃げたちょうと同一の人物だろうか？」という疑問です。この疑問を解くことで、この作品を深く読むことにつながります。つまり、ファンタジーとしての構造を把握し、作品の内容を読み、伏線を解き明かしていく、という一連の課題解決の学習が成立することになるわけです。

ですから、登場人物を数えるという学習を甘く見てはいけません。「数える」という学習をもとにして、子どもたちは、**「比較」「分類」**という思考を働かせているわけです。

子どもたちには、「この作品の主な登場人物は何人ですか」と意図的に尋ねるとよいでしょう。「主な」に入れるか入れないかは、個々の子どもの判断です。その判断について、子どもがどのような根拠を説明するかが大切です。

板書するときには、当然構造化を図ります。子どもが作品を俯瞰するときに目にする重要な手がかりが、板書です。子どもの発言の順に、何となく横一列に板書するのでは、子ど

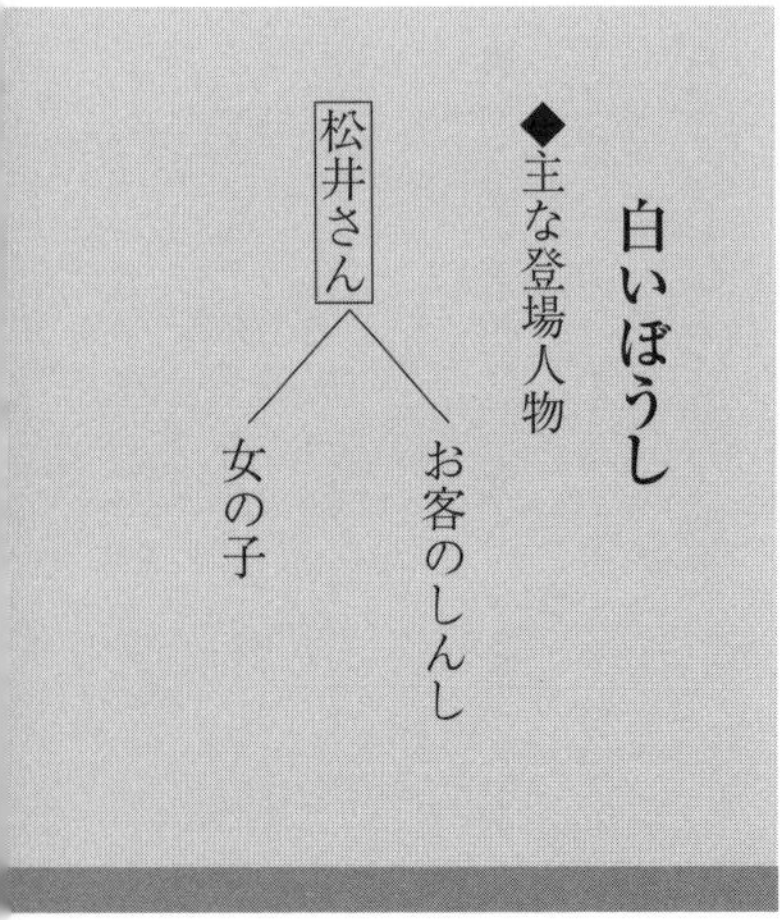

白いぼうしからにげた
ちょう?
=
(主な登場人物には入らない)
男の子
おまわりさん

もの思考は活性化されません。

どの人物を、どこに配置するかを、教師は事前に板書計画としてもっていることが必要です。そして、作品を俯瞰したときに、板書を通して、なんらかの構造や展開が見渡せるようになっていることが重要です。

こうした板書から、「お客の紳士の場面にはどのような意味があるのか」「もしも女の子がちょうだとしたら……」というような、次の学習で行われるべき精査・解釈につながる問いが生まれると理想的です。

(3) 登場人物を数えて主題に迫る

高学年では、作品の主題を自分の言葉で表現できるようにすることが必要です。作品の主題をとらえる学習の出発に、登場人物を数える学習が位置づくことがあります。

情報と情報の関係づけを把握するときに、図などによる理解・把握が効果的な場合があります。高学年では、思考の可視化を意図した学習活動を行うことができます。

六年生の『海の命』を例に挙げて考えてみます。

ここでは、登場人物を数えるときに、単に登場してきた順に取り上げるのではなく、中心人物である「太一」を取り巻く人物関係を図で示すように子どもたちに指示しました。登場人物の関係図の作成は、子どもの読みを深めるのに有効です。太一を中心にして、だれをどこに配置して書くかが、その子の読みになるわけです。

『海の命』人物関係図

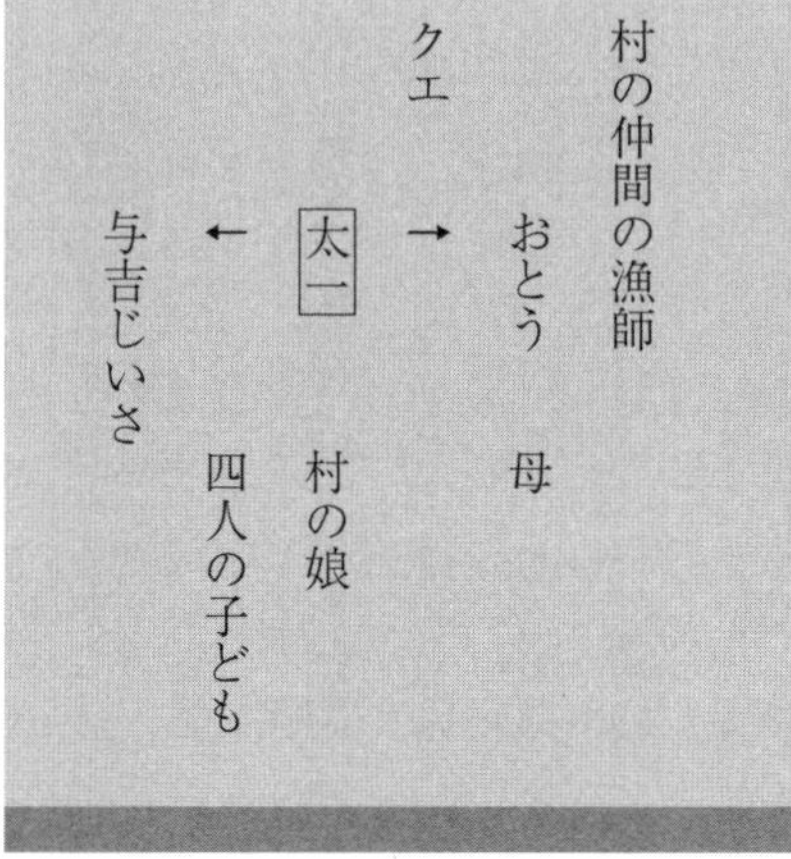

人物関係図をつくると、太一の近くにおとうや与吉じいさが書かれることが分かります。つまり、この二人は、太一の生き方を読み取るうえでとても重要な存在であるという判断のもとに配置されたことになります。そしてその周りに、太一の母が書かれ、やがて結婚する村の娘や、生まれてくる四人の子どもが書かれることでしょう。クエは、定義上登場人物ではありませんが、作品の中の重要な存在として当然位置づきます。

こうして作成された人物関係図は、作品全体を俯瞰するうえでとても大切ですし、また、一人一人の子どもの読み、解釈を可視化したものとしても重要なものです。だれをどこに配置して書くかは、その子の解釈に基づいているわけです。クラスの他の子と異なる関係図を書いた子どもには、「どうしてその人物をそこに書いたの？」と理由を問えばいいのです。子どもには、きっとその子なりの根拠があるはずです。

この関係図を基にしながら、「太一は、なぜクエを打つことをやめたのか」「太一は、どうして与吉じいさの生き方を選んだのか」という疑問について読み深めていけばよいでしょう。

ここでもまた、登場人物を数えるというフレームリーディングから、作品を精査・解釈するための課題を見いだすことができますし、さらには、太一の生き方の変容を考えることで、作品の主題に迫る読みの統合（リフレーミング）につながっていきます。

登場人物を数えるというフレームリーディングは、学年の発達段階に応じた課題解決の足がかりとなる重要な手法であることが分かります。

(4) 出来事を数えて作品の流れをとらえる

物語の全体を見渡す、いわば「俯瞰した読み」をするために、「数える」というフレームリーディングの切り口はたいへん有効であると述べてきました。「登場人物」を数えることと同様に大事なのが、「出来事」を数えることです。

例えば、『大造じいさんとガン』（五年）を読む学習の場合、次のような発問をすることができます。

「大造じいさんが残雪をとらえるために、何回作戦を立てて実行しようとしましたか?」

この物語は長いので、大造じいさんの作戦を数えることで、フレームをとらえることが容易になります。

大造じいさんとガン

大造じいさんが残雪をとらえるために何回作戦を立てて実行したか？

①うなぎつりばり作戦

・一羽だけガンが捕まえられた

・次の日には見破られていた

②タニシばらまき作戦

③おとりのガン作戦

・うなぎつりばり作戦でとらえたガンをおとりにする

・ハヤブサが来た

◆ハヤブサから仲間を助けよう

また、『ごんぎつね』（四年）では、次のような発問も可能でしょう。

「ごんは、兵十に何回くりやまつたけを持って行きましたか？」

正確な答えは分かりませんが、ごんの行動を数えることにより、作品の流れをフレームとしてとらえることができますし、「ごんがどれだけ兵十に心を寄せていったか」という、より深い解釈につなげることもできます。

こうして場面の数を数えるためには、「場面」の数え方を身につけていく必要もあります。場面の定義は次のようになります。

場面：物語の中で出来事が展開するひとまとまりの場

場面が変わる目印は**「時」「場」「人物」**の三つです。**「時」**が変われば、場面は変わります。夜の場面から昼間の場面へなどです。

「場」が変わっても、場面が変わります。「家の中」から「外」とか、「水の中」から「空」などです。「場」とは、物語が展開する舞台だととらえることができるでしょう。

として傷ついた残雪をとらえた。

そして、「人物」が変わっても場面が変わります。人物の数が増えたり減ったりするときなどは、場面が変わるときです。

このように、場面に目をつけると、フレームをつくることができます。

(5) 会話を数えて展開を俯瞰する

物語のフレームをとらえるにあたり、会話文はとても重要なものです。

次ページに示したように、『おおきなかぶ』(一年)には、六つの「うんとこしょ、どっこいしょ」というセリフが出てきます。

教科書の見た目上は、まったく同じセリフですが、大きく異なることがあります。それは、セリフを言っている人が増えていくということです。

一番はじめの「うんとこしょ、どっこいしょ」は、おじいさんだけのセリフですが、二番目の「うんとこしょ、どっこいしょ」は、おじいさんとおばあさんの二人で言っていると解釈することができます。そして、最後の六つ目のセリフは、おじいさん、おばあさん、まご、犬、ねこ、ねずみの六人で言っているセリフだと考えられます。

おおきなかぶ

「うんとこしょ、どっこいしょ」

（おじいさん）

「うんとこしょ、どっこいしょ」

（おじいさん・おばあさん）

「うんとこしょ、どっこいしょ」

（おじいさん・おばあさん・まご）

「うんとこしょ、どっこいしょ」

（おじいさん・おばあさん・まご・犬）

「うんとこしょ、どっこいしょ」

このように、セリフを数えることで、場面の展開を俯瞰することができます。

『モチモチの木』（三年）では、豆太が、じさまを四回呼んでいます。が、それぞれセリフの言い回しが異なることが分かります。

「じさまぁ」

「じさまぁっ！」

「じさまっ」

「じさまぁ」

この四つを並べてみるだけで、豆太の気持ちの変化を読み取ることが可能になります。

物語に書かれているセリフを見渡すフレームリーディングは、登場人物の心情の変化をとらえるうえでもとても重要です。

（おじいさん・おばあさん・
まご・犬・ねこ）
「うんとこしょ、どっこいしょ」
（おじいさん・おばあさん・
まご・犬・ねこ・ねずみ）

（6）数えることで学べる学習用語

① 中心人物と対人物

「数える」ことをする中で、国語科で身につけたい学習用語を学ぶことができます。学習用語について整理しておきましょう。

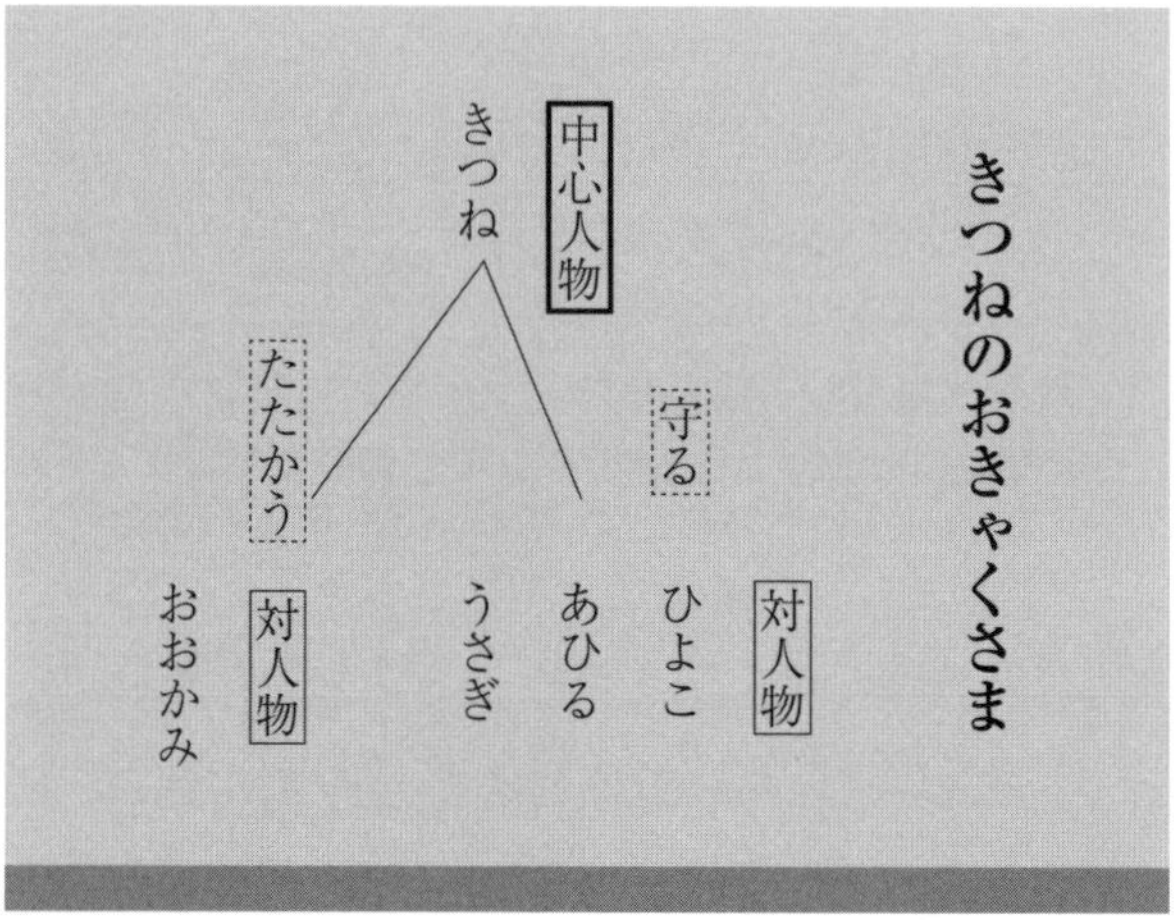

『きつねのおきゃくさま』（二年）の登場人物を数えてみましょう。

登場の順番に挙げてみると、次のようになります。

・きつね
・ひよこ
・あひる
・うさぎ
・おおかみ

この五人の人物の中で、中心人物はだれでしょうか？　これはもちろんきつねです。中心人物の定義は次のようになります。

中心人物：物語の中でもっとも大きく変容した人物

この物語は、きつねが、ひよことあひるとうさぎを食べようとして太らせてから、守ったお話です。ですから、「食べよう」→「守ろう」に大きく変容したきつねが、中心人物であると考えます。

では、きつねの気持ちを変えたのはだれでしょうか？　それは、ひよこと、あひるとうさぎです。ひよこが「きつねお兄ちゃんて、やさしいねえ」と言ったり、「きつねお兄ちゃんは、とっても親切なんだよ」と言ったり、三人が「神様みたい」と言ったりしているのを聞いているうちに、きつねの心が変わっていったのです。登場する人物が増えていき、その繰り返しの中で、中心人物が少しずつ心を変えていく物語です。そして、山場の場面でおおかみが登場し、そのおおかみから三人を守るために、きつねは勇敢にたたかいます。これらのことから、「くり返し型」と「事件型」が組み合わされた「ダブル型」の物語であることが分かります。

この物語に登場する三人のように、中心人物を変容させる人物を「対人物」と言います。おおかみも、きつねの変容が分かるように、行動として描くために必要な人物ですから、対人物といえます。

対人物：中心人物を変容させる人物

登場人物を数えることで、中心人物や、対人物も学ぶことができます。

②語り手

ごんぎつね

一番はじめに登場する人物はだれ？

わたし……小さいとき
茂平というおじいさん
中山様（おとの様）
ごんぎつね

『ごんぎつね』（四年）の登場人物は何人でしょうか？

この問題を解決させるために、次のような指示を子どもたちにしました。

「この物語の、一番はじめに登場する人物に○をつけてください」

この活動をするだけでも、子どもの意見はバラバラになります。ある子は、物語の冒頭一文目に出てくる「わたし」に○をつけます。「茂平というおじいさん」に○をする子どももいれば、「中山様」というおとの様に○をする子もいます。そして、ごんぎつねというきつねに○をする子もいます。

「登場人物」という学習用語の定義が曖昧なだけで、これだけ意見が分かれます。定義をつかんで用語を使うことは、とても重要なことなのです。

『ごんぎつね』で一番はじめに登場する人物は、「ごんぎつね」です。では、「わたし」とはだれなのでしょうか？　答えは、「語り手」です。「語り手」は、物語の進行役です。劇でいう「ナレーター」と同じ役です。語り手が語っている部分を「地の文」と言います。語り手は、物語を読むうえでとても重要です。それは、語り手の「視点」によって読み取れることと読み取れないことが決まるからです。

視点：語り手がどこにいて、何を見て語っているか

語り手は目玉のマークでかかれることがある
語り手は、人の中に入ったり、外から語ったりできる

語り手は、物語の中で自由自在に動くことができます。時には、登場人物の中に入って、その人物の心（気持ち）を語ることができます。また時には、その人物を外から見て、様子を語ることができます。

語り手は、物語の中でめったにその存在を主張することはありませんが、例えば『モチモチの木』（三年）で、「全く、豆太ほどおくびょうなやつはない」と言っているのは語り手であるというように、たまに、物語の中に顔を出す場合もあります。物語に地の文がある限り、それを語っている語り手がいるということを意識することが大切です。

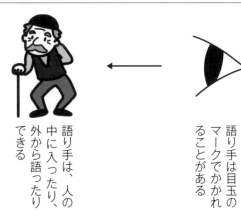

③ 語り手の視点

語り手の視点がどこにあるかによって、人物の気持ちを想像することができるのかできないのかが決まります。語り手の視点が登場人物の外にある場合は、その人物のそのときの気持ちは、行動から予測するしかありません。

語り手の視点

・一人称……「ぼく」「わたし」
（例）『もうすぐ雨に』
『カレーライス』
『きつねの窓』
中心人物である「ぼく」の気持ちを想像することができる

・二人称……「あなた」
小学校の教科書教材にはない

・三人称……「おじいさんは」
「豆太が」

語り手の語り口によって、視点は大きく三種類に分かれます。

語り手が、「ぼく」「わたし」と語っている場合は、物語の登場人物と語り手が同じ場合です。これを「一人称視点」と言います。『もうすぐ雨に』（三年）や『カレーライス』（六年）、『きつねの窓』（六年）などが一人称の物語です。

語り口が「あなたは……」となっている場合は、二人称視点の物語ですが、小学校の教科書教材には出てきていません。

語り口が、「おじいさんは」「豆太が」などとなっていたら、それは、三人称の視点です。

三人称視点の語り口は、その中がさらに三つに分かれています。

『一つの花』（四年）のように、登場人物のだれの中にも入っていない物語は、「三人称客観視点」と言います。厳密に

〈客観〉『一つの花』
だれの心の中にも入らない

〈限定〉『ごんぎつね』
『モチモチの木』
『大造じいさんとガン』
ある特定の人物の中に入って心を語る

〈全知〉『世界でいちばんやかましい音』
すべての登場人物の中に出入りできる

は、だれの心の中にも入っていないので、その気持ちを読み取ることはできません。その人物の行動や、セリフから予測するしかありません。

『ごんぎつね』（四年）や『大造じいさんとガン』（五年）は、ごんや大造じいさんの中に語り手が入って、その心の中を語っています。このような視点を「三人称限定視点」と言います。限定されたある登場人物の中に入って、その気持ちを語ることができるわけです。

すべての登場人物の中に出入り自由な視点を、「三人称全知視点」と言います。小学校の教科書教材にはめずらしいのですが、『世界でいちばんやかましい音』（五年）は、この視点で語られています。

登場人物の様子や気持ちを想像するためには、語り手の視点を意識することは不可欠です。

2 「数える」ことで説明文の授業をつくる

（1）事例を数えて内容をつかむ

くちばし

（はじめ）	きつつき	おうむ	はちどり

文学（物語文）同様、説明文も「数える」ことで全体を俯瞰し、およそのフレームをとらえることができます。「数える」という切り口は、一年生の初期の段階から使うことのできる重要なものです。

例えば、一年生の『くちばし』を読むときには、「このお話には、鳥はいくつ出てきますか？」と問えばよいのです。子どもたちは、当然「三つ」と答えるでしょう。そうしたら、「出てきた順番に教えてね」と言って、説明文に書かれている順序を意識して発言させ、それを板書で視覚的に見せればよいのです。これで、紹介型の『くちばし』の説明文のフレームはつかめます。

（2）形式段落を数えて意味段落をつかむ

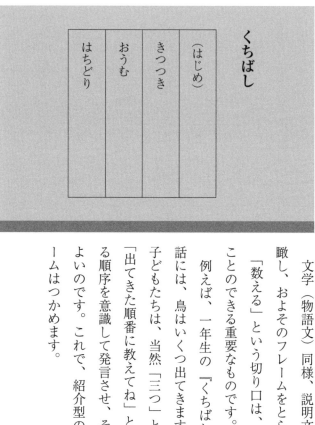

「くちばし」『こくご一上　かざぐるま』光村図書

「きつつきのはなしはどこからどこまで?」

①いろいろなとりのくちばしのかたちをみてみましょう。

②さきがするどくとがったくちばしです。

③これは、なんのくちばしでしょう。

④これは、きつつきのくちばしです。

⑤きつつきは、とがったくちばしで、きにあなをあけます。

⑥そして、きのなかにいるむしをたべます。

一つの説明文に対して、数える活動は一回だけとは限りません。いろいろなものを数えることで、見えてくることが変われば、複数回数えさせることも可能です。

『くちばし』を例に挙げると、鳥が三つ書かれていて、きつつき、おうむ、はちどりの順番で出てくることまで分かりましたから、次は、「どこからどこまでがきつつきの話かな?」と尋ねます。すると、「段落」という言葉も概念も知らない子どもたちは、いろいろな方法で説明しようとします。そのときに初めて、「段落」という考え方を教えるのです。段落という用語を知ると、「②段落から⑥段落まで」と、簡単に答えることができるようになります。

「どこからどこまでが○○の話」というように説明するときには、段落という言葉を知っていると便利だぞというように、子どもに段落の必要感をもたせることが大切です。

「段落」は、意味のまとまり。
「形式段落」は、一マス空けて書かれているひとまとまり。

（3）形式段落を数えて構造をつかむ

くちばし

①（はじめ）

②③④⑤⑥	きつつき
⑦⑧⑨⑩⑪	おうむ
⑫⑬⑭⑮⑯	はちどり

おなじところをみつけよう

①……くちばしです。

（くちばしのしょうかい）

（どんなくちばしか）

『くちばし』（一年）で次にやることは、意味段落をつかむことです。「きつつきの話に、段落はいくつあるかな」と問いかけます。

低学年の子どもにとって、「段落」とは、「形式段落」を意味します。「一マス下がっているところ」を見つければよいのですから、内容の理解がまだ十分でなくても、形式段落を数えることは可能です。

きつつきの話は、五つの形式段落で書かれていることが分かります。

「では、おうむの話は段落がいくつある？」

「おうむも五つだ」これに気づくと、次の質問はしなくても、子どもから言い出します。

「はちどりの話も段落が五つだよ」

すべてのくちばしの紹介が、五つの段落からできていることに気づくと、子どもたちは、他にも秘密があるのではないかと考えます。「**類推**」という思考が働くことになります。

そのような目で文章を読み返してみると、同じ書きぶりを

②これは、なんのくちばしでしょう。（もんだい・とい）

③これは、……のくちばしです。（こたえ）

④（くちばしのつかいかた）

⑤そして（つかいかたのつづき）

している箇所がたくさんあることに気づきます。もしも気づかなければ、こちらから投げかけます。「三つの鳥の話を読んで、他に同じところはないかな？」

「②と⑧と⑬が、『これは、なんのくちばしでしょう。』で、全部同じ」

この文に着目する子どもがいたら、「こういう言い方をなんていうかな」と問い返します。子どもたちからは、「もんだい」とか、「聞いている言い方」などと返ってくるでしょう。ここで、「問い」という言葉を教えることになります。

こうして見ていくと、すべての事例が、同じ構造で書かれていることに気づきます。「くちばしの紹介→問い→答え→くちばしの使い方→使い方のつづき」というように。この後、「数える」から、「比べる」という活動に進み、「**比較**」の思考を働かせて段落のつながり（構造）をつかんでいきます。

（4）意味段落を数えて段落の役割をとらえる

くちばし
なかまはずれはどれ？

①なかまはずれ
いらないかな？

きつつき	②	くちばしのしょうかい
	③	とい
	④	こたえ
	⑤	つかいかた
	⑥	「そして」つかいかた
おうむ	⑦	くちばしのしょうかい
	⑧	とい
	⑨	こたえ
	⑩	つかいかた

文章を俯瞰して、意味段落のまとまりをつかみました。この説明文には、三つの事例が紹介されていることが分かりました。

そして、それぞれの事例の書きぶりは、揃っている、同じだということにも気づきました。特に、「問い」と「答え」の関係は、これから読んでいく説明文の一番基本となる骨格ですから、しっかりと板書で目に見えるかたちで示しておくことが大切です。

説明文でも物語でも、「**比較**」という思考はとても重要です。

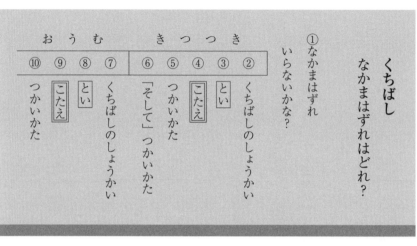

「比較」すると、まずは共通点が見えてきます。「同じところ」は、見えやすいのです。

この説明文は、それぞれの段落に使われている「文」の数も同じになっています。一年生の説明文にはよく見られるのですが、一つの段落を一つの文がつくっています。言い方を変えると、一文で一段落になっているわけです。「文」は、句点から句点までのひと続きのことです。つまり「。」の数

はちどり

⑪「そして」つかいかた

⑫くちばしのしょうかい
⑬とい
⑭こたえ
⑮つかいかた
⑯「そして」つかいかた

を数えれば、それが文の数になるわけです。この説明文の、一文が一段落というのも、押さえておくべき共通点です。

こうして、上のように、きつつきが②段落から⑥段落、おうむが⑦段落から⑪段落、はちどりが⑫段落から⑯段落というように見渡すことができます。まさに、文章を「**俯瞰**」したわけです。

すると今度は、「仲間はずれ」の段落が見えてきます。具体的な鳥のくちばしの説明が書かれていない段落、つまり①段落のことです。

「①段落は、仲間はずれで、どこにも入れてもらえないから、なくてもいいね」

教師は意図的に、「①段落は必要ないね」と投げかけます。すると、何人かの子どもが「それは、これから何を紹介するかが書いてあるからいるよ」と言い出します。そこで、「本当にいるという証拠の言葉は何だろう」と問いかけます。すると、「いろいろなとり」「くちばしのかたち」などの言葉が出てきます。実はこれは、「**具体**」と「**抽象**」の思考を働かせていることになります。

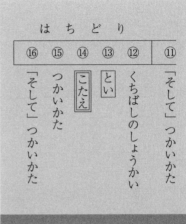

（5）事例を数えて段落の中心文をとらえる

めだか

身の守り方はいくつ？

ナンバリング

⑤第一に、……水面近くでくらして身を守ります。

⑥第二に……すばやく泳いで身を守ります。

⑦第三に、……水をにごらせ、身を守ります。

⑧第四に、……あつまって泳ぐことによって、身を守ります。

文末表現

（文の終わりの書きぶり）

三年生の説明文に『めだか』があります。文章を通読した後、「数える」活動によって、文章を俯瞰し、およそのフレームをつくります。

「めだかの身の守り方はいくつ書かれていましたか」

「四つです」

「どうしてそんなにすぐ分かったの」

「第一に、第二に、第三に、第四にと書かれているからです」

「このように書いてあると、四つってすぐに分かるね。この書き方を**ナンバリング**と言います」

ナンバリングという用語は、ここで効果的に教えることができます。

「では、第一の身の守り方は、どのような守り方ですか。分かるところに線を引きましょう」

「小川や池の水面近くでくらして、身を守ります、のところに引きました」

「同じように、第二、第三の身の守り方に線を引いてくだ

中心文 段落の中で大事な文

↓

要点 中心文をもとにまとめた、段落の中の大事なところ

※文章全体だけでなく、段落の中にも「あたま型」「おしり型」「サンドイッチ型」がある。

さい」

こうして、子どもが線を引いたところを発表させ、必要な箇所を板書して見せます。

「四つの身の守り方を比べて、気づいたことはありますか」

今度は、「比較」させます。すると、四つの書きぶりが同じであることに気づきます。

「筆者は、文末表現をわざわざそろえて書いているんだね」

ここで**「文末表現」**という用語を教えることができます。

「他に気づいたことはありませんか」

「全部、段落のはじめの一文に線が引いてあります」

「これも筆者が、わざとそろえて書いているところですね。段落の中の大事な文を、段落のはじめに書いています。段落があたま型になっているんだね。段落の中の大事な文を、中心文と言いますよ」

ここで、**「中心文」**や**「要点」**という用語を指導します。

（6）事例を数えてつなぎの段落をとらえる

『めだか』の説明文をもとに、さらに学べることがあります。

「この説明文には、めだかの秘密がいくつ書かれていますか」と問いかけます。すると、「大きく二つ書かれています」と数えることができます。

黒板を使いながら、一つ目は、「敵からの身の守り方」で二つ目は、「自然の厳しさにたえる体のしくみ」のことだと分かるように示します。

この二つの大きな意味段落がとらえられれば、この説明文が俯瞰できたことになります。

次に、さらに文章の構造を詳しくとらえていきます。

「では、身の守り方と体の仕組みの説明の分かれ目はどの段落ですか」

「⑨段落です」

「このように、それまでの段落の内容を受けて、次の話にバトンタッチする段落を、『つなぎの段落』と言います」

文章を俯瞰するうえで、**「つなぎの段落」**があるということ

めだか

①めだかの学校（歌）
②めだかのしょうかい
③めだかのてきのしょうかい
④問い（てきからどうやって身を守っているか）
⑤身の守り方　その1
⑥身の守り方　その2
⑦身の守り方　その3
⑧身の守り方　その4

つなぎの段落

⑨身の守り方のまとめ
自然のきびしさにたえる体
⑩体のしくみ　その1
⑪体のしくみ　その2
⑫全体のまとめ

とを学ぶことは重要なことです。他の説明文にも、このような「つなぎの段落」が使われているものがあります。

また、各段落の内容を端的に示すために、それぞれの段落に、読み手が題名をつけると分かりやすくなります。この、読み手が段落につける題名を**「小見出し」**といいます。

「小見出し」は、読み手が、自分の解釈に基づいてつける題名ですから、文章中の言葉を使ってつくってもいいし、文章中には使われていない言葉を使って、つけてもかまいません。例えば、「身の守り方その1」や「体のしくみその1」などです。

つなぎの段落：内容をはしわたしする段落
小見出し：読み手が段落につける題名

（7）「数える」を使い分けて構造や内容をとらえる

こまを楽しむ

こまは［いくつ？］

①話題提示・問い
②色がわりごま
③鳴りごま
④さか立ちごま
⑤たたきごま
⑥曲ごま
⑦ずぐり
⑧まとめ

（②～⑦）紹介されているこまの数は6つ

こまは［何種類？］

［二種類］

◆楽しむこま……色がわりごま
鳴りごま

三年生の『こまを楽しむ』の説明文を読みます。

まずは、「数える」ことで、文章を「**俯瞰**」し、およそのフレームをつくります。例えば、「この説明文には、こまはいくつ紹介されていますか？」とか、「こまは何種類紹介されていますか」などと問います。こちらの発問で、「いくつ」と「何種類」は、意図的に使い分けています。

「いくつ」は、紹介されているこまを、すべて別々に数えることになります。この文章では、②段落の「色がわりごま」から、⑦段落の「ずぐり」まで、個別に数えると六つのこまが紹介されていることになります。

ところが、「何種類」と問われて数えるときには、その数が違ってきます。

「種類分け」は、「**分類**」という思考を働かせることになります。「分類」には観点が必要です。例えば、「楽しむこま」と「楽しませるこま」での種類分けなら、「楽しむこま…色がわりごま・鳴りごま・さか立ちごま・たたきごま・ずぐりの五つ」「楽しませるこま…曲ごまの一つ」で、合計二種類

さか立ちごま
たたきごま
ずぐり
◇楽しませるこま……曲ごま

三種類

回る様子……色がわりごま
鳴りごま
さか立ちごま
回し方………たたきごま
回す場所……曲ごま
ずぐり

のこまが紹介されているということになります。

別の観点で、「回る様子を楽しむこま」と「回し方を楽しむこま」のように分けると、「回る様子…色がわりごま・鳴りごま・さか立ちごまの三つ」「回し方…たたきごま・曲ごま・ずぐりの三つ」で二種類に分けることができることでしょう。さらに、「回し方」に入れた「曲ごまとずぐり」は、特別な場所で回すこまなので、それを別の種類として分けると、「回る様子」「回し方」「回す場所」の三種類のこまの楽しみ方が書かれていると読むこともできます。

このように、「何種類」という数え方は、読み手の観点のもち方によって答えが複数考えられるのです。

文章の内容を多面的に、自分の観点をもって読むという読み方が「数える」という切り口で可能になります。

（8）キーワードを数えて要旨をとらえる

生き物は円柱形

1　①「生き物は円柱形だ」

（多様・共通性）

4　②人の例　4　③人以外の例

1　④例外

5　⑤例外への反論

2　⑥問い

2　⑦強い　5　⑨速い

五年生の『生き物は円柱形』という説明文には、題名にもある「円柱形」という言葉が三十回も繰り返し書かれていています。文章中の大切な言葉を「キーワード」といいますが、「円柱形」は、まさにこの文章の「キーワード」ということができます。

子どもたちは、通読してすぐに、「円柱形という言葉がたくさん出てくる」ということに気づきます。わずか十一の段落の中に、三十回も登場するのですから。そこで、この「円柱形」という言葉を数えます。

数えるという活動は、クラスの全員が参加して取り組むことのできるものです。読解力の高い、低いに関わらず全員が活動できます。そして、その答えも具体的な数値で出てきますので、違いがはっきりしますし、正解は当然一つになります。

ところが数えるべき言葉が三十もあると、たいてい子どもの数えた答えはバラバラになります。全員が一回にそろって同じ数を言い当てるということはまずあり得ません。そこが

⑧　4

⑩　2　円柱形のいいところ
まとめ（問いの答え）

⑪　0

多様……6回
共通性

こちらが本当のキーワード

いいところです。なぜなら、子どもたちの数えた数が分かれれば分かれるほど、クラスで確かめなければならなくなるからです。

今度は、形式段落ごとにゆっくり数えて確かめていきます。教師は、その数を板書していきます。上の○の数字は形式段落の番号で、その隣の数が、「円柱形」の登場する回数です。

すると、⑪段落には「円柱形」というキーワードが一度も登場しないことに気づきます。そこで、子どもたちに投げかけます。「『円柱形』が一度も出てこない⑪段落はなくてもいいですね」

子どもたちは、考えます。実は、この段落には、もっと大事な言葉が書かれているのです。それは、「多様」と「共通性」というキーワードです。この言葉は、①段落にも登場していることが分かります。文章全体のキーワードは、実は「多様な中の共通性」だったのです。この言葉から⑪段落が重要な段落だと分かるのです。

文章全体の中で筆者が伝えたいことを**「要旨」**といいます。キーワードを数えることで、要旨がとらえられるのです。

（9）主語を数えて要旨をとらえる

ぼくの世界、きみの世界

①②③④　電球の話

※主語は「ぼく」

⑤⑥　つなぎ

⑦⑧⑨⑩　あまみ

⑪　痛み

※主語は「きみと友達」

⑫　つなぎ

⑬　問い

※主語は「私たち→人」

⑭　筆者の考え

※主語は「ぼく」

六年生に『ぼくの世界、きみの世界』という説明文があります。

この説明文を使って、次のように投げかけました。

「主語は何種類使われていますか」

順を追って、確かめてみると、上のような流れになっていることが分かります。

○電球事件……「ぼく」

↓

○甘みや痛みの例……「きみと友達」

筆者は、まず自分の個人的な体験から書き始めています。だから主語は「ぼく」から始まります。次に、具体例を読み手に広げたいので、次の事例「甘みや痛み」の話の主語は、「きみと友達」に変えました。「きみ」とは、読者をさします。

○問い……「人と人は」

より一般化を図るように、主語の範囲が「人と人は……」

⑮⑯　アニメの話

※主語は「きみと友達」

⑰⑱　言葉のキャッチボール

※主語は「おたがい」

⑲　筆者の主張1

※主語は「私たち」

⑳　電球事件

※主語は「ぼく」

㉑　筆者の主張2

※主語は「私たち」

㉒　筆者の主張3

※主語は「人」

のように、広げられています。

○とりあえずの答え……「ぼく」

問いに対して、筆者自身の個人的な答えとして「ぼく」を主語にして、まずは考えを示しています。

しかし、それでは説得力が弱いので、また事例を付け加えます。そのときの主語は「きみと友達」になり、「おたがい」になりました。読者を引き込もうという意図で、読者に呼びかけるような主語になっています。

この後に筆者の考えがつながるのですが、「私たち」→「ぼく」と、一度範囲を狭めています。その後に、「私たち」→「人」というように、最終的に主語が示す範囲を広げています。

主語に着目すると、話題が見えたり、そのときの筆者の意識がうかがえたりします。この文章の筆者は、主語のレベルを巧みに変えながら、読み手に納得してもらおうとして、論を展開していることがよく分かります。

第2章

フレームリーディングのステップ2

—必要に応じて詳細に読む

1　ステップ2ですべきことは、「選ぶ」こと

「数える」ことでフレームリーディングのステップ1を終えたら、ステップ2ですべきことは、「選ぶ」ことです。「選ぶ」過程で、必要に応じて詳細に読むことが可能になります。焦点化した読みに導く手法が、「選ぶ」ことなのです。

ステップ1同様、物語・説明文それぞれで何をどのように「選ぶ」のか、見ていきましょう。

1　「選ぶ」ことで物語の授業をつくる

(1) 中心人物を選ぶ

きつねのおきゃくさま

とうじょう人物

『きつねのおきゃくさま』(二年)には、上のように、五人の登場人物が出てきます。

「この中で、主役はだれですか?」という発問をすることによって、物語の中心人物を考え、作品を俯瞰することがで

きつね
ひよこ
あひる
うさぎ
おおかみ

しゅやくはだれ?

きつね

・物語の中で大きくかわった

「食べよう」

↓

「たすけよう」

お話の中で大きくかわる人物を

中心人物という。

きます。

> 中心人物：物語の中で一番大きく変容する人物

「**中心人物**」の定義は、右のようになります。

子どもたちは、幼稚園・保育所などで行ってきた劇遊びを通して、「主役」という言葉は耳にしているはずです。ですから、国語の授業においても、はじめは「主役」という言葉で子どもたちに投げかけるようにします。

そしてまずは、自分なりに物語の主役を仮定させます。

子どもは、次のような理由で自分なりに主役を選びます。

・ずっとお話に出ているから「きつね」
・みんなを守ったから「きつね」　など

そこで、次のように、学習用語のバージョンアップをします。

「今まで『主役』と言ってきた言葉を、『中心人物』にかえます。物語の中で、一番大きく変わる人物を『中心人物』と言うことにします」

中心人物を学んだ子どもたちは、そこから先、「この物語の中心人物はだれだろう」という意識で作品を読みます。つまり、物語の読み方のフレームができるので、物語を「中心人物はだれか」というフレームで俯瞰しながら読むようになるのです。登場人物が多く出てきたり、中心人物がすぐに特定できない作品もたくさんあります。そこでは、「**仮定**」として人物を設定して読み進め、「**検証**」していくという思考のプロセスをたどることになります。

（2）クライマックスを選ぶ

大造じいさんとガン

クライマックスはどこか?

A　大造じいさんが、残雪をうとうとしてかまえていたじゅうを、おろしたところ。

B　地上に落ちてきた残雪を見て、ただの鳥に対している気がしなかったところ。

「『大造じいさんとガン』のクライマックスはどこか?」という課題で、作品のクライマックスを見つけるという学習における切り口として「選ぶ」を使うことができます。

クライマックスは、次のように定義しています。

クライマックス：中心人物が作品中でもっとも大きく変わったと分かる瞬間

ちなみに、「**クライマックス**」と「**クライマックス場面**」は使い分けています。

「クライマックス」の定義は右に示したとおりで、ある瞬

大造じいさんは、二つの残雪の姿に感動し、大きく心を動かされている。

・空で、仲間を助けようとしている姿

・地上で、せめて頭領としてのいげんをきずつけまいとしている姿

↓

この二つを見て、大造じいさんは、「英雄」だと思った。

↓

クライマックスはB

間を描いています。

一方の「クライマックス場面」は、中心人物を変容させる場面ですから、ある範囲をもって描かれていることになります。

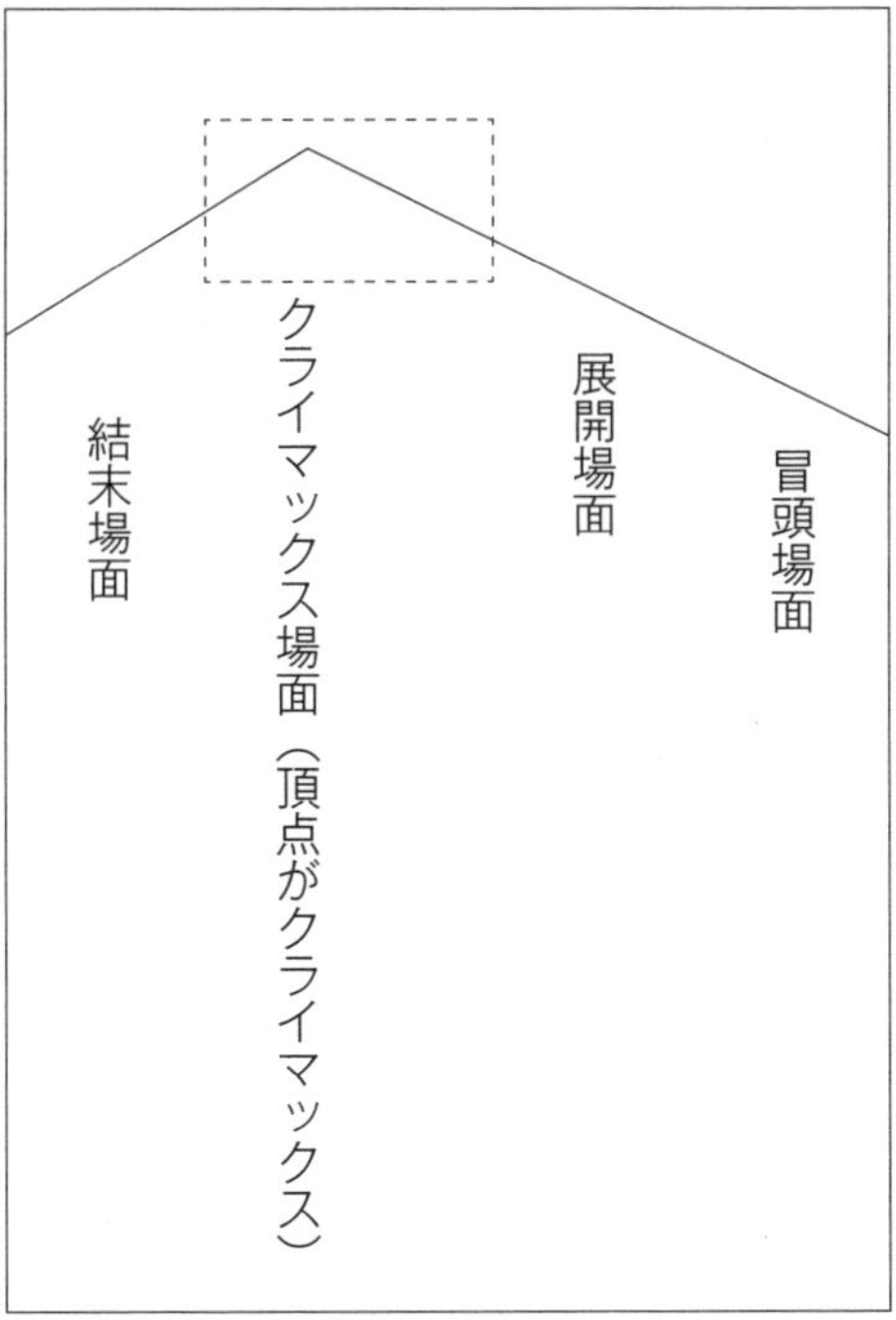

図：クライマックスとクライマックス場面

2 「選ぶ」ことで説明文の授業をつくる

（1）「選ぶ」ことで内容を詳しくとらえる

三年生の説明文『こまを楽しむ』では、まず、「数える」ことで文章を俯瞰して読むと、こまが、全部で六つ紹介されていることが分かります。

次にステップ2のフレームリーディングとして「選ぶ」という切り口で内容を詳しく読んでいきます。例えば、「あなたが一番回してみたいこまはどれですか？　それはなぜでしょうか」というように、「一番」を選ぶ活動をします。

子どもたちは、「自分の一番」を選ぶために、「**俯瞰**」から「**焦点化**」された読み方をするようになります。「どのこまにしようかな」と「選ぶ」活動が、選ばれるための条件や要素を読み取る学習になるからです。

「一番」を選ぶからには、「根拠」が必要です。それを明確にして、クラスの仲間に紹介するために、焦点化された読みをするわけです。

どのこまを「一番」にするかは自分の解釈によります。で

こまを楽しむ

「一番回してみたいこまは？」

②色がわりごま……変わる色を見たい

③鳴りごま……どんな音がするのか聞いてみたい

④さか立ちごま……さか立ちする様子を見たい

⑤たたきごま……難しそうだけれど、やってみたい

⑥曲ごま……おどろくような所で回してみたい

すから、どのこまが選ばれても間違いはないわけです。大切なことは、自分なりに選んだこまについて、どうしてそれを選んだのかという理由が文章中からきちんと取り出されていることです。

⑦ずぐり……雪の上で回してみたい

そして、それぞれ仲間が選んだ「一番」のこまについて、本文を見て確かめながら、お互いに考えを聞き合うことで、自分が選んでいないこまについても、詳しく読むことになります。

ちなみに、これはまずあり得ませんが、クラスの全員が同じこまを選んだ場合は、どうしたらよいでしょうか？

そのような場合は、「二番目に回してみたいこまは？」というように、「二番」を選ぶようにすればいいのです。大切なことは、「一番を選ぶ活動を通して」→「いろいろなこまの特徴や、回る様子、回し方について、内容を詳しく読むことができること」です。焦点化された読みができればいいのです。

すべてのこまについて、すみずみまで詳しく読解する必要はありません。いろいろな人が選んだ、こまの楽しさがお互いに読み取れて、分かればいいのです。

（2）「選ぶ」ことで段落の役割をとらえる

生き物は円柱形

①

筆者の主張1

②例1　③例2

④例外

⑤例外に対する反論

⑥問い

⑦

円柱形は強い　⑨円柱形は

⑧　速い

⑩問いの答えのまとめ

五年生の『生き物は円柱形』を例に考えてみます。「数える」ことで、「円柱形」が文章中にたくさん使われていることが分かりました。

次のステップ2のフレームリーディングで「選ぶ」活動を取り入れます。例えば「一番大事な円柱形は、どの段落にある円柱形でしょうか」というように、三十も書かれている「円柱形」の中から、「一番」を選びます。

今回の「一番」を「選ぶ」は、『こまを楽しむ』での「一番」を「選ぶ」とは、やや質が違います。主観的に、どの段落の「円柱形」を選んでもいいということではないのです。そこには、客観性のある根拠が説明される必要があります。もちろん、答えは一つにならなくてもかまいません。

多くの子どもは、⑩段落を選びます。それはなぜか。⑩段落は、問いの答えをまとめている大事な段落だからです。

⑥段落を選ぶ子どももいます。それは、「問いは大事」だと、ずっと教えられてきたからです。もちろん、その通り。問いは、筆者にとって分からないことではなく、むしろ伝え

たいことの裏返しとして書かれているのです。

①段落を選ぶ子どももいます。①段落にある円柱形は、「生き物は円柱形」と、題名と同じように表現されていて、わざわざここだけかぎかっこ（「　」）がつけられて強調されて書かれているからです。

⑪ 筆者の主張2

このように、今回の「一番」には、明確な根拠があり、その妥当性が求められます。主観的にどれを選んでもよいというわけにはいきません。

そして、この活動を通して、「段落の役割」を、子どもたちは学ぶのです。

その意味では、④段落や⑤段落の「円柱形」を選ぶ子どもは大したものです。筆者が自分の論に、例外をあえて取り上げ、それに対する反論を書いているというのが、④⑤段落だからです。論の展開上、とても重要な二つの段落であることが分かります。筆者自ら反例や例外を示すのは、説得の論法としての意図的なしかけであると考えられます。

（3）「選ぶ」ことで具体と抽象をとらえる

花を見つける手がかり

「もんしろちょう」の数	
2	①話題提示
2	②問い
0	③実験の紹介
3	④実験1の準備
1	⑤実験1（花だん）
2	⑥実験の結果
1	⑦実験の結果と考察
0	⑧つなぎ
0	⑨実験2（造花）
2	⑩結果と考察

四年生の『花を見つける手がかり』には、「もんしろちょう」という言葉が二十回も出てきます。（③段落には一度も出てきませんが、これは、実験を行った人の紹介ですから仕方のないところです。）④段落から⑬段落までには、大きく三つの実験が行われています。⑬段落の「念のため」の実験を入れると、実験は四回行っていることになります。

この中には、「もんしろちょう」という言葉が一度も出てこない形式段落がありますが、実験1で七回、実験2で二回、実験3で四回出てきたと考えればよいでしょう。

⑭段落は、実験の結果をもとに、結論をまとめている段落なので、「もんしろちょう」という言葉は三回出てきています。

こうして見てみると、結論の出た後の⑮段落は、「もんしろちょう」という言葉が一度も出てこないので、つけ足しの、なくてもよい段落であるように思われます。そこで、次のように子どもたちに投げかけます。

「『もんしろちょう』が一度も出てこない⑮段落は、必要で

2	⑪実験3（色紙）
2	⑫結果
0	⑬念のための実験
3	⑭結果をもとにした結論
0	⑮筆者の主張

すか？」子どもたちに、⑮段落がいるか、いらないかを選ばせる投げかけです。多くの子どもは、「いや、必要だ」と答えますが、その根拠がはっきりしません。そこで、「⑮段落が必要だという証拠を見つけよう」という課題が生まれます。

⑮段落には、「もんしろちょう」のかわりに、「こん虫」という言葉が出てきます。ここがポイントです。それまでの「もんしろちょう」から、言葉を抽象的にしているわけです。ここに、「**具体**」と「**抽象**」の関係があります。

さらに、②段落で「もんしろちょうにきいてみればわかるのですが、そんなわけにはいきません」と書かれています。

これは⑮段落の「こん虫は、何も語ってくれません」につながる表現です。

説明文は、すべてがつながっています。基本的にいらない段落などないのです。必要であるという証拠を見つけ、つなぎ合わせたり、関連づけたりできると、「分かった！」「読めた！」ということになります。

（4）「選ぶ」ことで筆者の主張をとらえる

『鳥獣戯画』を読む

一枚目の絵	A①・A②・A③ ― 漫画の祖
二枚目の絵	A④アニメの祖 A⑤漫画の吹き出し B⑥筆さばき 和気あいあい
絵巻物としての鳥獣戯画	B⑦場面全体の時間の流れ C⑧歴史的価値

六年生の説明文に、『「鳥獣戯画」を読む』があります。

文章を俯瞰して読み、段落の数を数えたら、すぐに「選ぶ」という、ステップ2のフレームリーディングに入ってもいいでしょう。そのときには次のように問います。

「この文章の中で、一番大事な段落はどれですか」

六年生ですから、このように問われたら、最後の⑨段落が選べる力がついていなければなりません。

文章を俯瞰したステップ1のフレームリーディングで、「この文章はおしり型だな」と読み取れる力が必要です。

そのうえで、「最後の⑨段落が、文章全体の中で、一番大事だという証拠を見つけよう」という、学習課題が設定されます。ただ単に、⑨段落が一番大事だと選べるだけでは不十分です。その根拠を、文章中から見つけ出し、説明できてこそ、六年生としての読解力が身についているといえます。

「筆者が、鳥獣戯画は、日本の宝だけでなく、人類の宝であると主張している。その理由は、⑨段落の中にいくつあるか」を確かめます。

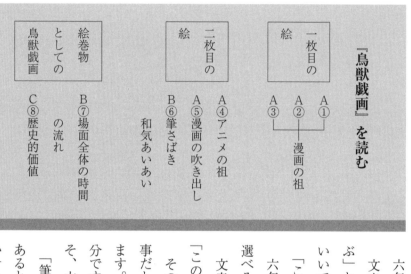

理由は、三つに整理することができます。

A　十二世紀という大昔に、漫画やアニメのような絵巻物が作られたこと

B　絵が実に自然でのびのびしている、自由闊達なところ

C　描かれてから八百五十年もの間、大切に保存されてきたこと

→

一番重要　⑨段落

A漫画やアニメのよう

B自由闊達・のびのび

C長く保存

★「鳥獣戯画は、人類の宝だ」

この三つの理由が、①段落から⑧段落までのどことつながっているかが見つけられることが重要で、それが、⑨段落が一番大事な段落であることの証明にもなるわけです。

Aの漫画やアニメの話は、①②③④⑤段落とつながっています。Bの自由でのびのびしているという内容は、⑥⑦段落を受けているのでしょう。そしてCの歴史的経緯の話は⑧段落とつながります。

つまり、この説明文は、すべての段落が、⑨段落のまとめにつながっているのです。説明文はすべてつながっている、ということは、『「鳥獣戯画」を読む』に限ったことではありません。こうしたつながりを見つけ出していけるのが、フレームリーディングなのです。

最後に、ステップ1のフレームリーディングの手法「数える」と、ステップ2のフレームリーディングの手法「選ぶ」について、整理しておきましょう。

3　フレームリーディングのステップ1とステップ2のまとめ

(1) ステップ1では「数える」ことで大まかなフレームをつかむ

ステップ1のフレームリーディングは、「数える」という切り口を中心にして、作品のおよその構造や内容を把握するための俯瞰する読みです。今まで述べてきたように、物語・説明文には、さまざまな「数える」が考えられます。大切なことは、「それを数えると、子どもに何が見えてくるのか」を教師が考えたうえで数えさせることです。

また、同じものを数えても、その後の展開が変わる場合があります。具体的な事例の数を数える場合も、その文章の内容を俯瞰するために数える場合もあれば、文章の構造をとらえるために数える場合もあります。さらに、「仲間はずれ」をはっきりさせるために数えることもあります。

仲間はずれは、事例の仲間にはなりませんが、それがまとめ

ステップ1「数える」

- 形式段落の数を数える
- 具体的事例の数を数える
- 意味段落の数を数える
- 「いくつ」と「何種類」を使い分けて数える
- 問いの数を数える
- キーワードの数を数える
- 主語の数を数える

など

思考の流れ
- ◆俯瞰する
- ◆順序を意識する
- ◆帰納的に考える
- ◆分類する　　　など

ステップ2「選ぶ」

- ・「一番」を選ぶ（主観と客観）
- ・あてはまる場所を選ぶ　　など

思考の流れ
- ◆焦点化する
- ◆演繹的に考える
- ◆具体と抽象　　　など

だったり、問いだったりします。どちらも重要な役割をもっています。ですから仲間はずれを見つける学習は大切です。

「問いの数を数える」のは、五年生の『天気を予想する』などの説明文で有効です。ここでは、三つの問いが、文章の構成に大きく関わっています。

ステップ1で文章を俯瞰して読み、大まかなフレームをつかむことにより、この次のステップで何を焦点化して読めばよいか、という読み深めのための課題が見えてきます。この課題を解決するために、ステップ2のフレームリーディングによって、詳細に読むことになります。

(2) ステップ2では「選ぶ」ことで詳細に読む

ステップ2のフレームリーディングは、「選ぶ」ことを切り口にして、文章を焦点化して読みます。ステップ1のフレームリーディングによって見えてきた課題を解決するために、必要に応じて、必要な場所を詳しく読むことになります。つまり、読むための観点をもって、読み深める活動をするわけです。

「選ぶ」ことで、文章の読み方が焦点化されます。「選ぶ」ことで一番大事なのは、「なぜそれを選んだのか」という、理由・根拠をもつことです。理由や根拠は、必ず文章の中に隠れています。この隠れた言葉を見つけ出し、つなぎ合わせるのです。

文章はすべてがつながっています。問いと答えがつながり、問いと事例がつながります。また、事例と事例もつながります。筆者は、自分の考えを読み手に分かりやすく伝えるために、文章に書き表しているのです。筆者の中では、すべての段落が、すべての言葉がつながっているのです。このつながりを見つけ出すためにも、フレームリーディングが有効です。文章は形式段落ごとに細切れに読むのではなく、全体を俯瞰し、必要に応じて焦点化し、その後、再び統合するように、丸ごと読んでいくことが大切です。

ただし、「選ぶ」活動は、ステップ1のフレームリーディングとして行う場合もないわけではありません。同様に、「数える」ことがステップ2のフレームリーディングの切り口になることもあり得ます。ここでは、基本となるおよその流れとして紹介しています。

(3) 物語で数えるもの

物語を読み深めるために、「数える」ことはとても重要な切り口だと述べてきましたが、何でもただ数えればいいというわけではありません。

物語：「数える」の例

- ・登場人物は何人？
- ・場面の数はいくつ？
- ・出来事の数は？
- ・セリフの数はいくつ？
- ・中心人物は何回〇〇した？
- ・同じことはいくつある？
- ・違いはいくつある？
- ・色は何色？（表現の工夫の数）

物語：「選ぶ」の例

・中心人物はだれ？
・中心人物に一番影響を与えた人物はだれ？
・これ（人物・出来事・セリフなど）はいる？いらない？
・クライマックス場面はどこ？
・クライマックスはどこ？
・一番大切なセリフはどれ？
・一番大切な違いはどれ？
・（ファンタジーの場合）スイッチは何？
・（ファンタジーの場合）どこから非現実？どこから現実？

「これを数えると、こういうことが見えてくる」という見通しがなければ意味がないのです。教師が見通しをもつためには、やはり教材研究をするしかありません。

上の表にまとめたものは、例えば、このようなもの・ことを数えてみるといいですよ、というヒントです。これがすべてではありませんし、作品に応じたアレンジは当然必要です。

そして、数えたものをいかに板書で効果的に可視化するかも、教師の腕の見せどころです。

（4）物語で選ぶもの

「数える」ことで文章を俯瞰して読んだら、次は「選ぶ」ことで焦点化していきます。

「選ぶ」活動も、何でもいいから選びなさいというわけにはいきません。何を、どのように選ばせるかは、教師の教材研究に基づいて、的確に決めなければなりません。「選ぶ」活動が、その物語を深く読ませるための重要な切り口になります。

例えば、中心人物を選べるということは、その物語の中で、何が、どのように変わったのかが読み取れているということになります。作品の中でもっとも大きく変わった人物が中心人物なのですから。クライマックスが選べるということも、中心人物がいつ変わったかをきめ細かく検討して見つけることができるということです。作品を読み深めるために、「選ぶ」活動も欠かすことはできないのです。

前ページに、選ぶものの例を示しました。これも、「数える」と同様、作品に応じて適宜アレンジする必要があります。

説明文：「数える」の例

・形式段落はいくつ？
・出てくる〇〇はいくつ？
（〇〇は、事例として取り上げられているものの数）
・問いはいくつ？
・実験は何回行った？
・キーワードは何回出てきた？
・生まれてから大人になるまで何年？
・理由はいくつ？

（5）説明文で数えるもの

説明文を深く理解するためにも、数える活動は重要です。

特に、説明文で数える対象を見渡してみると、文章の二つのフレームをとらえることにつながっていることがよく分かります。一つは構造であり、もう一つは内容です。

内容に関しては、次のことが大切です。

ステップ1で文章を俯瞰するときに、段落の数、事例の数、実験の回数などを数えます。すると、文章全体の流れが分かり、内容の構成が見えてきます。

また、別の流れでは、理由の数、主語の数を数えます。

これは、構造というよりも内容の把握に力点が置かれている「数える」ことになるでしょう。

・主語は何種類？
・同じことはいくつ？
・違いはいくつ？

同じ数える活動でも、その結果構造が見えてくるのか、内容がより深まってとらえられるのかという違いがあることを、教師が意識することが大切です。

（6）説明文で選ぶもの

選ぶということは、内容を詳細に読み、その中から選択することです。ですから、内容を十分に精査しなければ選ぶことはできません。選ぶことは、説明文の内容をより深くとらえるための重要な切り口であるといえます。

また、選ぶ際には、基本的に「一番」を選びます。一番を選ぶためには、内容を解釈し、他の情報と比較したうえで、自分の選択をするわけです。ここに「深い学び」の要素が入っています。

つまり、文章に向き合う子どもの姿が、とても前向きだということです。「自分が選ぶのだ」という、主体的な意思をもって読むからこそ、選ぶことができるのです。

説明文：「選ぶ」の例

・一番大事な段落はどれ？
・一番大事な問いはどれ？
・一番すごい〇〇はどれ？
（「すごい」は、内容に応じて多様に変化する）
・一番お気に入りの〇〇はどれ？
・筆者が一番言いたい段落はどれ？
・一番大事な言葉はどれ？
・この段落（文）はいる？いらない？

第3章

フレームリーディングのステップ3

―詳細な読みを基に、再び全体を見直して読む

1　フレームをとらえ直すステップ3の読み

1　リフレーミングでとらえる

文章を俯瞰して、大まかな構造や内容をとらえるのがステップ1のフレームリーディングでした。ステップ1では、「数える」という切り口で、フレームをとらえることができました。

そのフレームを基に、必要に応じて「選ぶ」という切り口で詳細に読むのがステップ2のフレームリーディングです。ステップ1で、大まかなフレームをとらえたうえで考えますから、より効果的に、より的確に文章の内容を読み深めることができます。

そして、ステップ2のフレームリーディングを基に、自分のつくったフレームを見直し、作品全体を統合して自分の読みを確かなものにしたり、筆者の主張や、筆者の意図をとらえたりする（＝リフレーミングする）のがステップ3のフレームリーディングになります。

例えば物語の場合、『やまなし』（六年）のフレームリーディングでは、まずステップ1として、

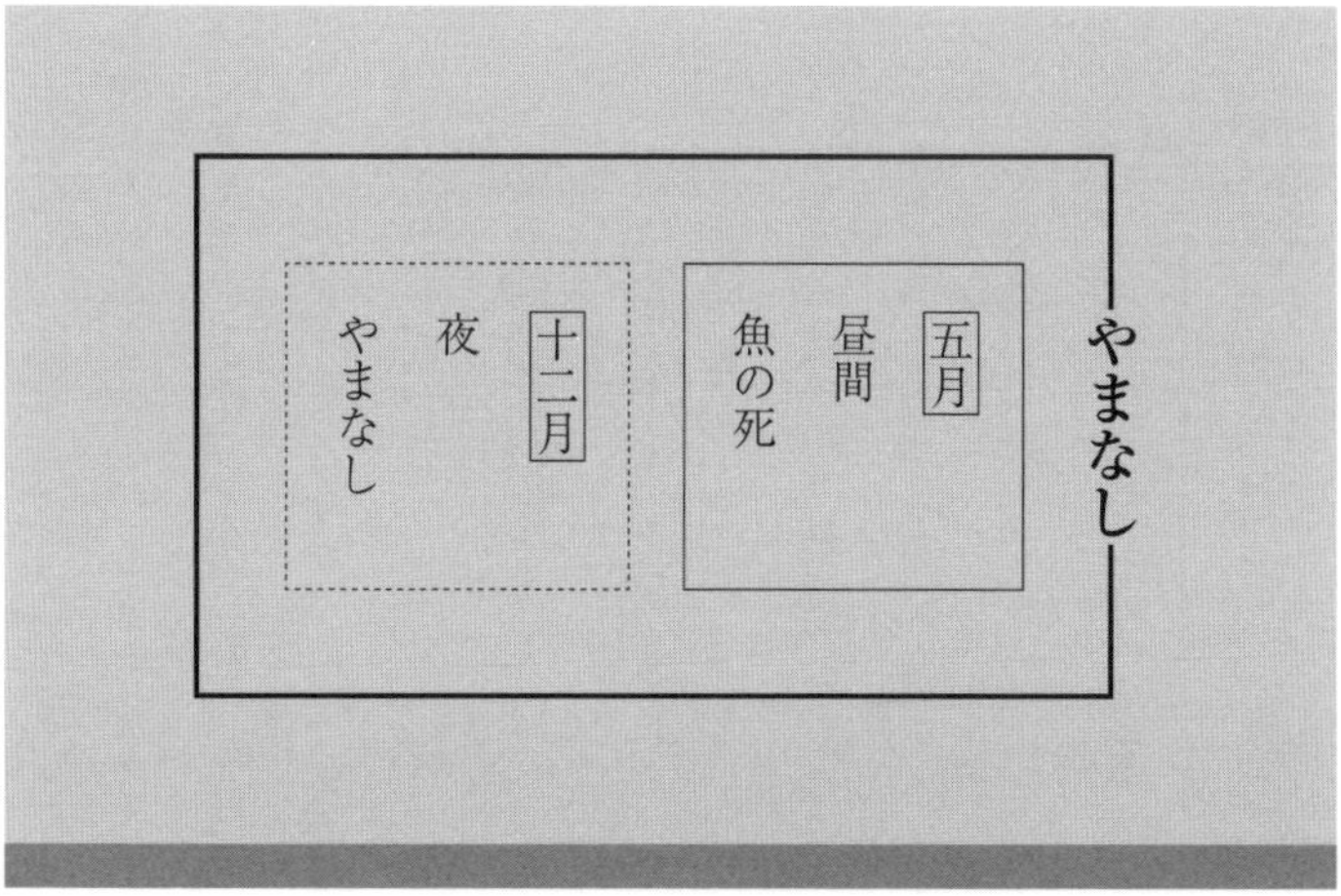

「この作品は、五月と十二月という二枚の幻灯からつくられている」という大まかなフレームをとらえます。

内容をつかむために、「五月と十二月、それぞれに自分の題名をつけてみよう」という投げかけが有効でしょう。この活動を通して、子どもたちは、**「対比」**を学びます。

「五月は、昼間の明るい場面だけれども、かわせみに魚の命が奪われるという悲しい出来事が描かれている」

「逆に、十二月は、夜の場面として描かれているけれども、やまなしが落ちてきて、自然の恵みを与えてくれる場面として描かれている」

というように、大きなフレームをつかみます。

そのうえで、それぞれの幻灯に自分なりの題名をつけます。

ステップ2のフレームリーディングでは、「五月の幻灯の中で対比されているもの」「十二月の幻灯の中で対比されているもの」「五月と十二月で対比されているもの」を整理して表などにまとめます。「対比」という観点をもって、それぞれの幻灯で描かれているものを詳細に読むことになります。

そのうえで、ステップ3のフレームリーディングとして、次のように問います。

「なぜ、十二月にしか登場しない『やまなし』が、作品全体の題名になっているのだろうか」

子どもたちは、二枚の幻灯をリフレーミングし、そこに描かれているものをとらえ直します。伝記などの資料も読み返して、宮沢賢治の生き方や考え方を深く知ることも必要かもしれません。そのうえで、二枚の幻灯全体につけられた題名の意味を考えます。この活動を通して、子どもは、見えてこなかった作品全体のつながりをとらえ直します（リフレーミング）。そして、題名「やまなし」の意味を考えることが、この作品の主題をつかみ、自分なりに表現することになるのです。このようにして、今まで見えてこなかった作品全体のつながりをとらえ直すのがステップ3のフレームリーディングです。

生き物は円柱形

〈筆者の主張1〉

「多様な中の共通性」の分かりやすい例は、生き物は円柱形だということ。


同様に、説明文であれば、五年生の『生き物は円柱形』では、まず、「円柱形」というキーワードを数えることで文章のおよそのフレームをつくりました。そのうえで、「一番大事な円柱形が書かれている段落」を選ぶことで、段落の役割をとらえました。

最後に、「『円柱形』という言葉が一回も出てこない最後の段落はいらない段落なのか?」という投げかけをして、文章全体のフレームを見直しました。こうすることによって、筆

サンドイッチ型

〈筆者の主張2〉
多様さを知ることも、その中の共通性を見つけてわけを考えることもおもしろい。

者が読者に伝えたかった主張が、より鮮明に浮かび上がってきたのです。

他の説明文でもこの授業展開と同じような展開をすることができます。つまり、この読み方は、他の文章にも応用することができるということです。

この学習の中で、文章をサンドイッチ型ととらえたのに、最後の段落がいらないなどということはあり得ない、という「思考のフレーム」を子どもがもてることが大切です。

文章の中で、筆者の主張をとらえるためには、自分のもっているフレーム（れっしゃ型・あたま型・おしり型・サンドイッチ型）に当てはめて読めばいいのです。これで筆者の主張はほぼ見えてきます。

あとは、どの言葉を入れるとか、どのような言い回しにするとか、細かなところを検討すればいいわけです。

説明文の題名には、当然筆者の考えや意図が入っています。ステップ3のフレームリーディングで全体のフレームを見直すときに、題名は大きな手がかりとなるはずです。

2 リフレーミングのための切り口

では、こうしたリフレーミングのためにはどのような切り口があるのか、物語と説明文それぞれで見ていきましょう。

(1) 物語のリフレーミング―場面、文、人物の意味をとらえ直す

『白いぼうし』（四年）では、第一場面でお客の紳士と松井さんの会話場面から物語が始まっています。ここに出てくるお客の紳士は、この後の場面にはどこにも登場してきません。

この場面は、何のために描かれているのでしょうか？

『ごんぎつね』（四年）の最初の一文、「これは、わたしが小さいときに、村の茂平というおじいさんから聞いたお話です」。この一文は本当に必要なのでしょうか？

『海の命』（六年）に登場する母親は、最後の場面で「おだやかで満ち足りた、美しいおばあさんになった」と書かれています。太一の母親には、どのような役割があるのでしょうか？

ステップ3のフレームリーディングでは、ステップ1、2でとらえたフレームを見直してみることが大切です。そのために、これらのある一文やある場面、ある人物がそこに描かれている意味をもう

一度考えてみることは重要な切り口になります。

（2）物語のリフレーミング―題名をとらえ直す

物語のフレームは、題名に集約されている場合が多いものです。なぜ、この題名なのか、この題名にはどのような意味が込められていると考えるかなどと、題名を重要な切り口として、フレームをとらえ直してみるとよいでしょう。

題名をとらえ直すためには、「**具体―抽象**」という思考の枠組みが必要です。

物語は、人間の生き方が描かれています。人としてどのように生きるべきかが示唆されているのが物語です。メルヘンとして描かれている『やまなし』（六年）は、単なるかにの親子・兄弟の物語ではないのです。作品の奥に、人間の姿、生き方があります。そのように読み解くことで、今まで見えなかったものが見えてくるはずです。

ゆみ子とお母さんにとって、お父さんが手渡してくれた「一つの花」とは、何だったのか。太一が生き方を変えたことによって、守られた「海の命」はいくつあるか。

このように、題名に着目した問いをもつことで、作品の**主題**に迫る深い読みをもつことができます。物語を読むことの最終段階は、「自分はこの作品の主題をこのように受け止めた」という、読み手の考えが、その人の言葉で表現されることだと考えます。

アップとルーズで伝える

①「伝わります」
②「分かります」
③どんなちがいが
　あるのでしょう（問い）
④分かります・分かりません
⑤分かります・分かりません

⑥このように
　伝えられることと
　伝えられないこと

⑦「伝えたい内容に合わせて」
　選んで使うように

（3）説明文のリフレーミング―題名をとらえ直す

四年生の『アップとルーズで伝える』では、「アップ」と「ルーズ」というキーワードが目につきます。

そして、文章の前半で取り上げられている例が、サッカーの試合中継の様子です。段落の中に使われている文章の文末に着目すると、「伝わります」と書かれていることが確かめられます。「伝わります」「分かります」「分かります」の主語はだれかというと、テレビを見ている視聴者ということになりますね。ですから、テレビでアップやルーズで映された画面を見ていると、その時々の様子がよく分かるよ、という文章として書かれているように思います。

ところが、題名を見てください。題名に使われている言葉は、「伝える」なのです。

つまり、この文章は、テレビなどメディアの発信する情報を受け取る側の話ではなく、筆者は、情報を発信する側の立場としてこの文章を書いていることになるのです。

そういう目で、最後の段落を読むと、「テレビでも新聞で

⑧テレビでも新聞でも

↓

アップでとるかルーズでとるかを決めたり、とったものを選んだりしている

も、……アップでとるかルーズでとるかを決めたり、とったものを選んだりしているのです」と書かれています。決めたり選んだりしているのは、情報の発信者であるテレビ局の方です。ですから、この文章での筆者は、情報の受け手のニーズに合わせて、いかに発信するか、ということを主張したいのだということになるわけです。

このように、文章の内容を何となく読んでいると、情報の受取手の話なのか、送り手の話なのかが曖昧になりそうですが、題名がきっぱりと筆者の主張を端的に示しているので、全体のフレームをとらえ直すことができるのです。

3　自分の考えをつくり、表現する

リフレーミングしたうえで大切なのは、自分の考えをつくり、表現することです。

物語であれば、リフレーミングして見えてくるものは作品の主題につながっているはずです。自分が読んだ作品を自分がどのように受け止めたのかを表現することになります。

説明文であれば、筆者の主張を要旨としてまとめ、それに対する自分の批評を表現します。筆者の主張に対して自分は賛成だとか反対であるとか、または筆者の主張について納得がいくかいかないか

を整理して表現します。

(1) 物語――作品から受け止めたことを表現する

自分の考えを表現する

ア 「変わったこと」に関して
・中心人物は、何がどのように変わったのか。
・なぜ変わったのか。
・中心人物が変わることで、変わったことはないか。(周りの人物の関係、対人物との関係、中心人物本人との関係など)

イ 書きぶりに関して
・場面のつながりが……
・出来事が……

作品の主題を、「読み手が、もっとも強く作品から受け止めたこと」と定義します。作品を読み、自分がもっとも強く受け取ったと感じることをノートなどに書きます。

主題を、単なる感想と区別するためには、次のような内容が子どもの表現の中に含まれている必要があります。

ア 「変わったこと」に対して

物語の一番の骨格は、A→A′でした。つまり、物語の中では必ず何かが変わります。「何が、どのように変わったのか」を読み取ることが、その作品を理解したことになるのです。ですから、子どもの表現も、「変わったこと」に対する内容になるはずです。変わったことが、中心人物の生き方であれば、その生き方に対する内容になるでしょう。登場人物相互の関係が変わる話であれば、その関係の変容についての内容が表現されることになります。

いずれにせよ、大きく変容する中心人物のことや、それを取り巻く人物などに着目することで自分の表現をより深くしていくことになります。

イ　書きぶりに関して

物語には、さまざまな表現技法が駆使されます。比喩（直喩や暗喩・擬人法）、倒置、色彩語、擬音語・擬態語、暗示、文末表現などなど。

さらに、作品の構造そのものにも工夫があります。くり返し構造、事件型の起承転結、そして、散りばめられた伏線など。

・人物の描き方が……
・作品の構造が……
（くり返し型・事件型・ダブル型）
※ダブル型は、くり返し型＋事件型
・表現技法が……
◇比喩の使い方が……
◇倒置法が……
◇色彩語の色から……
◇この表現が暗示しているのは…
◇この伏線のつながりが……

こうした、作品の書かれ方に関する内容を整理して表現するのもよいでしょう。特に、作品に散りばめられた伏線が、複雑に絡み合いながら、それを読み解く楽しさを感じ取れる子どもに育てたいものです。

（2）物語―題名と関連させて表現する

物語の題名には、次のようにいくつかに分類できるものがあります。題名は、物語の内容を象徴的に語っていると考えられます。

題名は作品の象徴

A　中心人物の名前の入っている題名

・ズバリそのもの

『スイミー』『ごんぎつね』

・「と」でつながっている

『アレクサンダとぜんまいねずみ』

『大造じいさんとガン』

・「の」でつながっている

『おにたのぼうし』

『スーホの白い馬』

B　物語の中の重要な存在が入っている題名

『お手紙』『白いぼうし』

『一つの花』『やまなし』

ですから、題名に着目して自分の考えを表現するのはとても大切なことです。もちろん、題名だけで考えるのではなく、題名と中心人物の生き方やものの見方、考え方などと関係づけながら、読み手としての自分の考えを表現することが必要です。

A　物語の中心人物を題名に含んでいるもの

『スイミー』（二年）や『ごんぎつね』（四年）などは、そのまま中心人物の名前が題名になっています。『ちいちゃんのかげおくり』（三年）は、ちいちゃんがしたこと（行為）が題名です。

中心人物と対人物が一緒に題名に入っている作品もあります。『アレクサンダとぜんまいねずみ』（二年）『大造じいさんとガン』（五年）などがその代表です。「○○と□□」のように、「と」でつながれているものがあります。

『おにたのぼうし』（三年）『スーホの白い馬』（二年）のように、「○○の……」という書き方の題名もあります。

C　作品の内容をより抽象化した題名

『わらぐつの中の神様』
『わすれられないおくりもの』
『海の命』

→ 題名が表しているものは？

B　物語の中で重要な存在となるもの・ことを題名にしているもの

『お手紙』（二年）や『一つの花』（四年）『やまなし』（六年）などは、それぞれの作品の中で大事なもの、大事な存在です。それが題名になっています。「お手紙」は、がまくんとかえるくんの友情の象徴であると考えることができますし、「一つの花」は、お父さんからゆみ子に手渡された一輪のコスモスの花のことです。この一輪のコスモスが、戦争という時代に翻弄された家族の象徴といえるでしょう。

C　物語の内容をより抽象化して題名にしたもの

『海の命』（六年）などがその代表例でしょう。作品全体をとらえたうえで、「海の命とは何か」をあらためて考える必要があるでしょう。『わすれられないおくりもの』（三年）も、『わらぐつの中の神様』（五年）も、それぞれ「おくりものとは？」「神様とは？」などと、作品全体をとらえ直し、さらに題名の言葉を自分のレベルに下ろして考えることで、作品の主題が浮かび上がってくるものだといえます。

自分の考えを表現する

ア　内容に関して

一番……

◆すごいと思った

◆感動した

◆おもしろかった

◆初めて分かった

◆自分だったらこれを選ぶ

◆よく分かった

……

イ　書きぶりに関して

◇段落の構成が……

◇事例の取り上げ方が……

◇事例の選び方が……

◇比喩の使い方が……

(3) 説明文―一番の○○を表現する

低学年の説明文に多い「紹介文・説明書・記録文・実験観察文」などを読んだとき、自分の考えや感想を書くことは、文章をどのようにとらえたかを表明することになります。

フレームリーディングの切り口を使って、文章全体の枠組みをとらえ、必要に応じて詳細に読むことで、その内容をより詳しく的確に理解することができるようになります。その深まった理解をもとにして、自分の考えを書きます。

書く対象は、大きく三つに分かれます。

ア　内容に関して

子どもたちが一番感動するのは、その内容でしょう。内容に心を動かされるからこそ、「次の説明文も読んでみたい」という欲求が生まれるのです。型どおりに説明文が書かれていても、内容が子どもの興味を引かないものであったなら、説明文を読む面白さは半減します。

ウ　筆者自身に関して

○どんな人だろうか……

○どうしてこんなことを考えついたのかな?

→ 自分の言葉でまとめる

対するコメントを書くのです。

ウ　筆者に対して

説明文の学習は、物語と違って、筆者が前面に出てきます。時には、「この文章を書いた筆者というのは、どのような人だろうか」と考えさせることも大切な学習でしょう。

このように、観点を整理しながら、低学年のうちから、ステップ3のフレームリーディングを少しずつでも積み重ねていくことが、よりよい読み手を育てていきます。

イ　書きぶりに関して

「こんな書き方をしているから、この文章はよく分かるんだ」

「この書き方が、よく考えられていてすごいな」

などと、文章の書きぶりに着目して、そのよさを自分の言葉で表現することも必要です。段落の構成の仕方、事例の取り上げ方、ちょっとした比喩の使い方など、筆者は、読み手に自分の伝えたい内容を伝えるのに、とても苦労して、とても計算して書いているはずです。その書きぶりに

（4）説明文―筆者の考えに賛成か反対かを表現する

「意見文」や「論説文」には、筆者の主張がより強く書かれているはずです。「わたしは……こうすべきだと考える」のように。

（例）文章のフレーム（おしり型）

筆者の主張

↑読者としての子ども

賛成か

反対か

この筆者の意見や主張に対して、読み手としての子どもが、どのように反応するかが大切です。説明文は、読んで終わりではないのです。

一番単純なのは、「筆者の意見に賛成ですか、反対ですか」と投げかけて考えさせることでしょう。賛成か、反対か、どちらを選んだとしても、その理由を示させることが大切です。

「本文中のここが、いいと思ったから」「ここに納得がいかないから」などと理由を示してから、自分の考えを表現するようにするとよいでしょう。

（5）説明文―自分の「納得度」を表現する

納得度の表現の仕方の例

説明文を読んだ子どもが、その内容を全員が百パーセント納得するということはないでしょう。むしろ、その内容を深く読

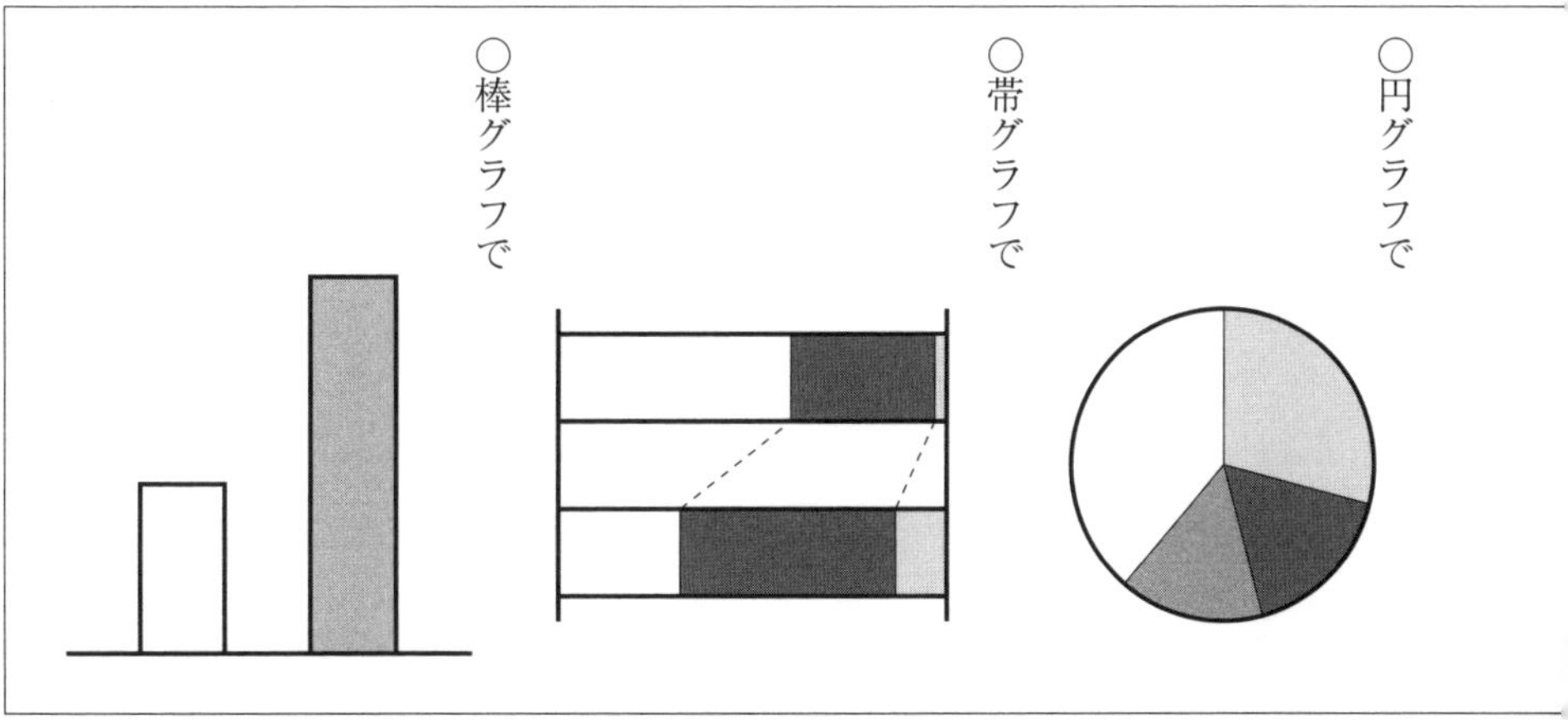

み込めば読み込むほど、自分の考え方との違いやズレが明確になっていくはずです。そうなったら、「この部分については納得がいくし、賛成だけれども、この部分には納得がいかない」とか、「この書きぶりだと、どうも納得できない」などの読み手としての反応が出てくると思います。この「納得度」を数値で表し、その根拠を説明するという学習もできるでしょう。

「納得度」の表現の仕方はいろいろあるかと思います。円グラフ、帯グラフ、棒グラフなどで表したり、他にも子どもたちに考えさせたりするのもいいと思います。「納得度」の可視化の表現に加えて、なぜその納得度の数値なのかを、説明させることが大切です。

子どもが適当に思いつきで「納得度七〇パーセント」などと言っているのでは意味がありません。なぜ三〇パーセント納得できない部分があるのかを説明させて初めて、意味あるステップ3のフレームリーディングになります。

以上が、ステップ3までのフレームリーディングです。物語と説明文のそれぞれについて、次ページからもう一度まとめます。

2　物語のフレームリーディングのまとめ

1　「俯瞰」→「焦点化」から、どのように考えを「統合」させるか

物語のフレームリーディングでは、ステップ1で、まずは物語全体を「俯瞰」します。「数える」という切り口が有効であることも述べました。その過程で、解決すべき課題も見えてきます。

ステップ2で、「選ぶ」という切り口を基に、「焦点化」して詳しく読むことで、課題の解決に向かいます。

そして、ステップ3で、自分の読みをリフレーミングします。つまり、最初にとらえた作品に対するフレームを見直し、自分の考えを「統合」するのです。「統合」というのはやや固い表現ですが、自分の考えをまとめる段階だということです。物語に対して、自分の考えをまとめる段階というのは、作品の主題を自分の言葉で表現するということです。低学年の子どもには、主題をまとめるというのは無理な話なので、その作品の絵を描くとか、感想をまとめるという活動で十分でしょう。中学年から高学年になるにつれて、「主題」という学習用語を学び、自分の言葉でまとめられるようにしてい

くことが大切です。「主題」の定義は次のように考えています。

主題：読み手である自分自身が、作品から受け止めたもの

ステップ1・ステップ2を経て、ステップ3でいかに子どもに主題に迫らせるかが問題です。その切り口として、上のような観点を設定しています。

①題名に着目する、という切り口はとても重要でしょう。題名を別の言葉で表すように考えさせると、③の「抽象化」にもつながります。

また、②の中心人物に着目させることも有効です。中心人物と周りの人物との関係がどのように変化したかを図で示すこともできるでしょう。

③については、何を抽象化させるかがポイントです。登場人物には入らないけれども、作品の中で重要な存在の抽象化も考えられるでしょう。これら①〜③の他に、実は作品の絵を描くという活動も、主題に迫る手立てとして有効であると考えています。

「主題に迫る」ために

①題名に着目する
・題名を別の言葉で表すとしたら
・なぜこの題名なのだろうか
②中心人物に着目する
・中心人物の行動をどう考えるか
・なぜこのようなことをしたか
③抽象化する
・この作品に出てきた○○とは、何か

ステップ3で、作品に対する自分の読み、自分のフレームを見直すことで、より深い読みが成立します。物語のフレームリーディングの要点は次の通りです。

●物語はすべてがつながっているということ

物語は、「伏線」によって、すべてがつながっています。そのつながりを解き明かすことこそ、物語を読むことなのです。その「伏線」は、こちらが意識して読まないかぎり、浮かび上がってきませんし、伏線同士がつながることもありません。読み手が、「物語はすべてつながっているのだ」という、「読み方のフレーム」をもって読むことではじめて「伏線」がつながって浮かび上がってきます。読むことは「謎解き」なのです。その謎を解くための「伏線」をいかに見つけ出すかが、読みの力がどれだけ身についているかに関係します。

「伏線」は、物語を横に貫いてつながっていますから、場面ごとに縦に切ってしまうと、「伏線」そのものが分断されてしまいます。だからこそフレームリーディングが必要なのです。フレームリーディングで丸ごと読まなければならないのです。

●最後は自分の「主題」を表現できること

ステップ1のフレームリーディングで、物語のおよそのフレームをとらえます。およその構造、およその内容を把握するわけです。そのうえで、必要に応じてステップ2のフレームリーディングで焦点化して詳しく読みます。観点をもっての精査・解釈をすることになります。どのような観点をもてばよいかは、作品ごとに異なりますから一概には言えませんが、ここで焦点化する読みの力も当然必要です。丸ごととらえて読む力と、詳細に分析する力は、文章を読み深めるために必要な力の両輪です。どちらも育てなければならない力なのです。

そして、ステップ3のフレームリーディングで、作品全体を見直し、主題を自分の言葉で表現します。「俯瞰―分析―統合」というフレームリーディングのステップが、読む力を高め、作品の主題を表現できる子どもを育てることにつながります。読み手である子どもが、フレームリーディングの三つのステップによって自分の考えを形成し、それを表現できたとき、子どもの中の「読み方のフレーム」がバージョンアップするのです。

●フレームリーディングは、思考のフレームを育てるということ

フレームリーディングのステップは「俯瞰―分析―統合」ですが、その過程においてさまざまな思考が働きます。比較（類比・対比）、分類、原因―結果、包含―対立、具体―抽象、などなど。また、課題解決のフレームとしては、仮説―検証―再構築というステップも踏んでいくことになります。フレームリーディングによって、こうしたさまざまな思考のフレームも育っていくのです。

3　説明文のフレームリーディングのまとめ

1　文章をどのように「俯瞰」するか

ステップ1では、文章を「俯瞰」することが大切です。説明文の場合は、「型」があるわけですから、「俯瞰」したときに、「この説明文は○○型かもしれない」という「仮説」を立てながら読み進めることが大切です。

また、別の「俯瞰」の方法として、具体例からまとめへという、「ボトムアップ的」な読み方もできます。ステップ1の具体的なフレームリーディングの方法を紹介した中で、「事例を数える」という切り口がありました。具体的な事例の数やそのつながりがつかめると、残った段落の役割は何だろうかと考えます。そこにまとめの段落も含まれていることでしょう。事例を数えた後の「仲間はずれ」の段落に着目することになります。

もう一方では、その逆の流れでフレームリーディングする方法もあります。まずは文章を「俯瞰」して、その中から大事な段落を見つけ出します。その段落が本当に大事な段落なのかどうかを、事例の段落とつなぎ合わせながら確かめていくという、「トップダウン的」な思考で読むという流れです。

説明文のフレームリーディングの「俯瞰」、このような両方向から自由に行えるようになるといいでしょう。

従来の読み方は、はじめからおわりへ、①段落から順番に次の段落へ、という一方向の流れでした。

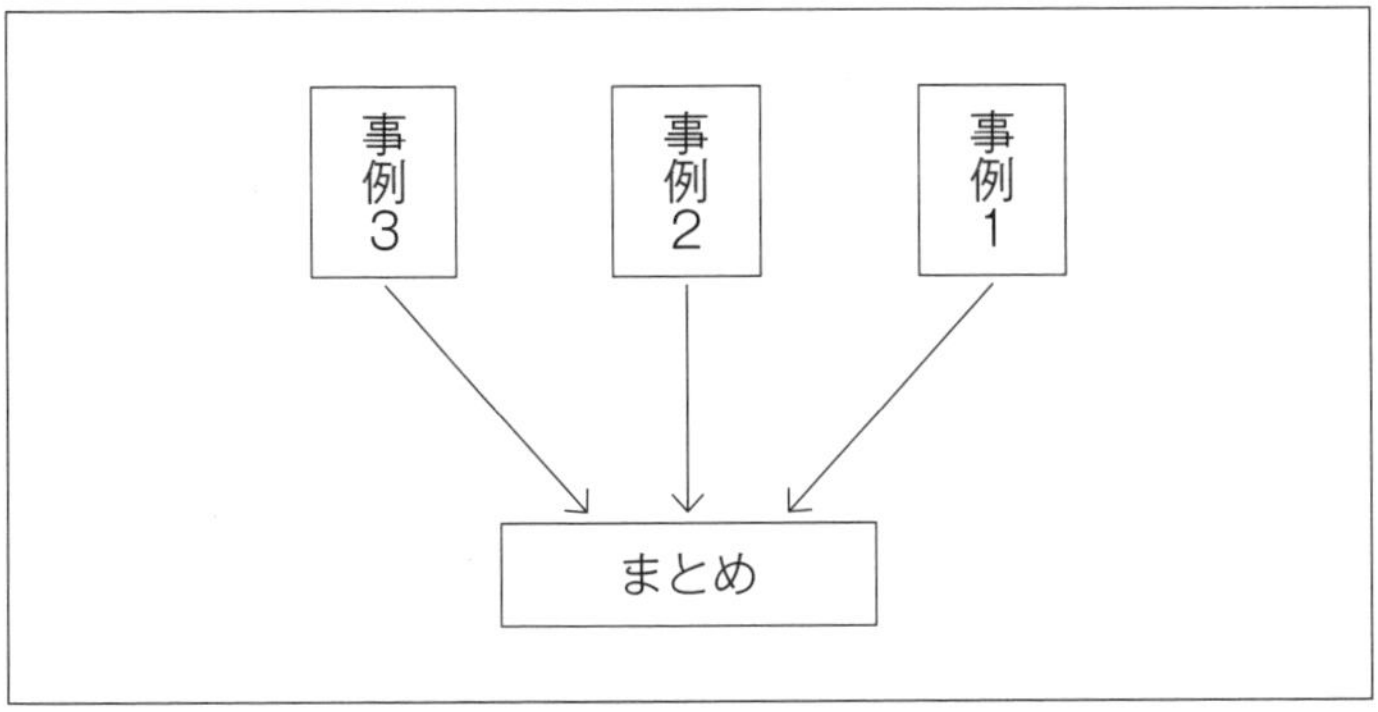

▲ボトムアップ的フレームリーディング

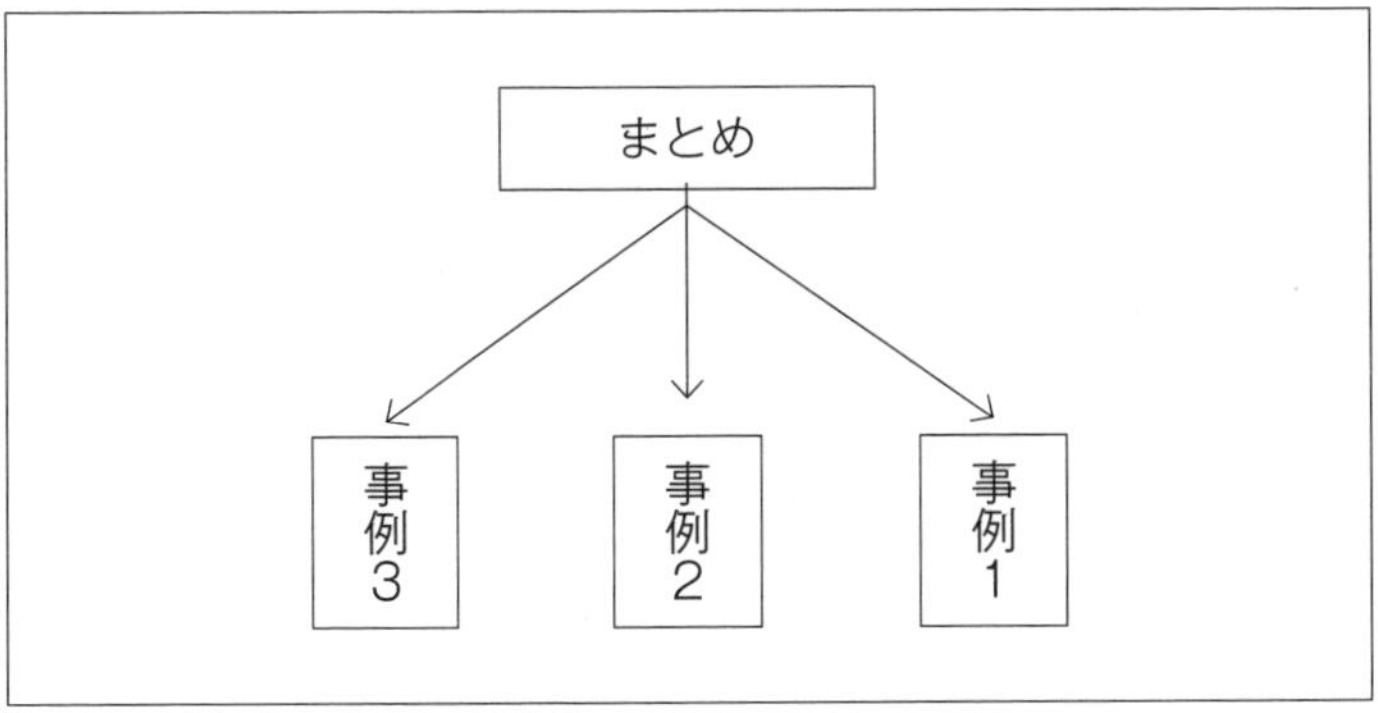

▲トップダウン的フレームリーディング

フレームリーディングの読みの手法は、その流れをもっと柔軟にしていきます。

ですから、授業の板書も、右端から書き始めて、左へ進むという、いつもの一方通行ではなくなります。

時には、黒板の上から下へ、あるときには、左からさかのぼって右へと書き進められていく板書の流れもあります。フレームリーディングによって、子どもの思考の流れがより柔軟になっていくのです。

2 「俯瞰」から「焦点化」へ読みを進める

多様な方向から文章を「俯瞰」してみると、子どもにとって、こだわりたい問題点が見えてきます。その観点のもち方も、整理できるかもしれません。

焦点化への観点	発問の具体例
◇段落の役割に目を向ける ◇段落の置かれている場所に目を向ける ◇事例の数に目を向ける ◇事例の並び方に目を向ける ◇事例と資料のつながりに目を向ける ◇資料と資料の関係に目を向ける ◇問いと答えの関係に目を向ける	・「一番大事な段落はどれだろう」 ・「なぜここにこの段落があるのかな」 ・「なぜ事例は三つも紹介されているのだろう」 ・「この順番で事例が紹介されているよさは何だろう」 ・「筆者はどうしてこの順序で例を出したのかな」 ・「この資料は何のために示したのかな」 ・「資料は何種類に分けられるかな」 ・「問いと答えはずれていないかな」 ・「この問いの答えはどこに書かれているのだろう」

◇まとめと事例のつながりに目を向ける
・「このまとめは、どの事例とつながっているのだろう」

◇事例の言葉とまとめの言葉に目を向ける
・「まとめの言葉は、事例とどのようにつながっているのかな」

「俯瞰」して読み、大まかなフレームをとらえた子どもは、細部にこだわって「どうして」という問題意識をもちます。その意識を大切にして、「焦点化」のための課題として設定します。

「俯瞰」→「焦点化」の読み方のフレームができると、新たに読む文章に対しても、子どもが自分からそのフレームを使って、主体的に読み進めることができるようになるのです。

子どもが、自ら問題意識・課題意識をもって読み進めるとき、子どもの学びはより深くなります。教師に言われたことを受け身でする読みとは大きく異なります。

また、右に示したような焦点化への観点を、子ども自身が「読みの方法知」として積み重ねていったなら、子どもの読みの力は大いに飛躍することでしょう。そして、その力は、教室のみならず、読書生活にも汎用的に活きるはずです。

3　読みを「統合」させて自分の考えをもつ

物語同様、説明文もすべてがつながっています。事例と事例、問いと答え、事例とまとめ、そして図表や挿絵などの資料と事例などです。

そうしたつながりを読み解くのがフレームリーディングです。段落ごとに分けて読んでいたのでは、つながりが見えてこないのです。

統合への観点	発問の具体例
◇題名と文章とのつながりに目を付ける	・「この題名でいいのかな」 ・「なぜこの題名なんだろうか」
◇事例の並び方に目を向ける	・「この順番で事例が紹介されているよさは何だろう」 ・「筆者はどうしてこの順序で例を出したのかな」
◇事例と資料のつながりに目を向ける	・「この資料は何のために示したのかな」
◇まとめと事例のつながりに目を向ける	・「このまとめは、どの事例とつながっているのだろう」

◇事例の言葉とまとめの言葉に目を向ける

・「まとめの言葉は、事例とどのようにつながっているのかな」

◇筆者に目を向ける

・「この文章を書いた筆者はどんな人なのだろう」
・「このことがどれだけ好きなのかな」
・「他にも文章や本を書いているかな」

つながりが見えてくると、その文章を書いた筆者の意図までもが見えてきます。筆者は、読み手に分かりやすく自分の考えを伝えたいので、さまざまな工夫をしているのです。資料の使い方一つをとってみても、無駄な資料は一つもありません。取り上げた事例にも、その数にも、その並べ方にも、筆者の意図や思惑、作戦がきちんと立てられたうえでのことです。

説明文の全体を統合することで、そうした筆者の意図も汲み取ることができます。そのうえで、自分の考えを表現します。文章に対する批評をするわけです。

批評とは、批判的なことだけを表明するわけではありません。「この書きぶりは素晴らしい」とか、「この部分には納得できる」などの表現があってもいいわけです。さらに「この部分には納得がいかない」など、読み手としての批判的な内容も入れていきます。

そして、筆者自身を想定してみるのも「統合」の中に含めて考えています。

ステップ1　文章を俯瞰する

「数える」で文章のおよそのフレームをつかみ、読み深めの課題を見つける。

↓

ステップ2　焦点化して読む

「選ぶ」でステップ1で見いだした課題について、焦点化して詳しく読む。

↓

ステップ3　筆者の意図や主張をとらえ、批評する

焦点化して詳しく読んだことをもとに、文章全体を見直し、筆者の主張や意図を見抜く。その上で、筆者の主張に対して読み手としてどのように考

以上、説明文におけるフレームリーディングの読みをまとめると、次のようになります。

まずは文章全体を俯瞰して読みます。この俯瞰の読みによって、文章のフレームをとらえます。俯瞰する読みのステップでは、「数える」という切り口が有効です。これも物語と同じです。

この文章は、れっしゃ型だなとか、サンドイッチ型で書かれているみたいだ、などとおよそのフレームをつかむと、筆者の言いたいことがどのあたりに書かれているかという予測がつきます。サンドイッチ型として読んだときに、本当に筆者の主張は文章の前の方と後ろの方に書かれているのだろうか、ということを確認します。あるいは、最初の主張と最後の主張でどのような言葉が使われているのか、ということを確かめたりもします。サンドイッチ型の証拠として、同じような言葉や表現が出てくるはずだからです。

俯瞰したときに出てきた疑問や課題を解決するために、詳しく読もうというのがステップ2のフレームリーディングです。

えるかを書く。
←
※筆者の考えに賛成か
　　　反対か
※筆者の主張に納得が
　　いくか
　　いかないか
自分の言葉で書くこと
自分の言葉で意見を話すこと

この段階のフレームリーディングで有効な切り口は、これも物語と同じで「選ぶ」ことです。

つまり、物語と説明文では、文章の種類がまったく異なり、書かれている世界がフィクションとノンフィクションのようにまったく違っているのだけれども、それを読み解くプロセスには、共通の思考、共通の読み方のフレームが使えるということになるのです。

最後のステップ3では、焦点化して読み、詳しくとらえた内容を基に、あらためてリフレーミングします。最初に俯瞰したときの読みや理解で間違いがなかったか、さらに深く気づけたところはなかったか、などを見直してみるのです。

この段階のフレームリーディングにより、より深まった文章の理解ができたところで、その筆者の主張に対して、自分の考えを表現します。筆者の意見に賛成か反対か、筆者の主張に納得ができるかできないかを自分の言葉にするのがステップ3の読みなのです。

第4章

フレームリーディングから
フレームライティング・
フレームシンキングへ

1　物語のフレームを活かして物語を書く

1　物語の基本のフレームを活かす

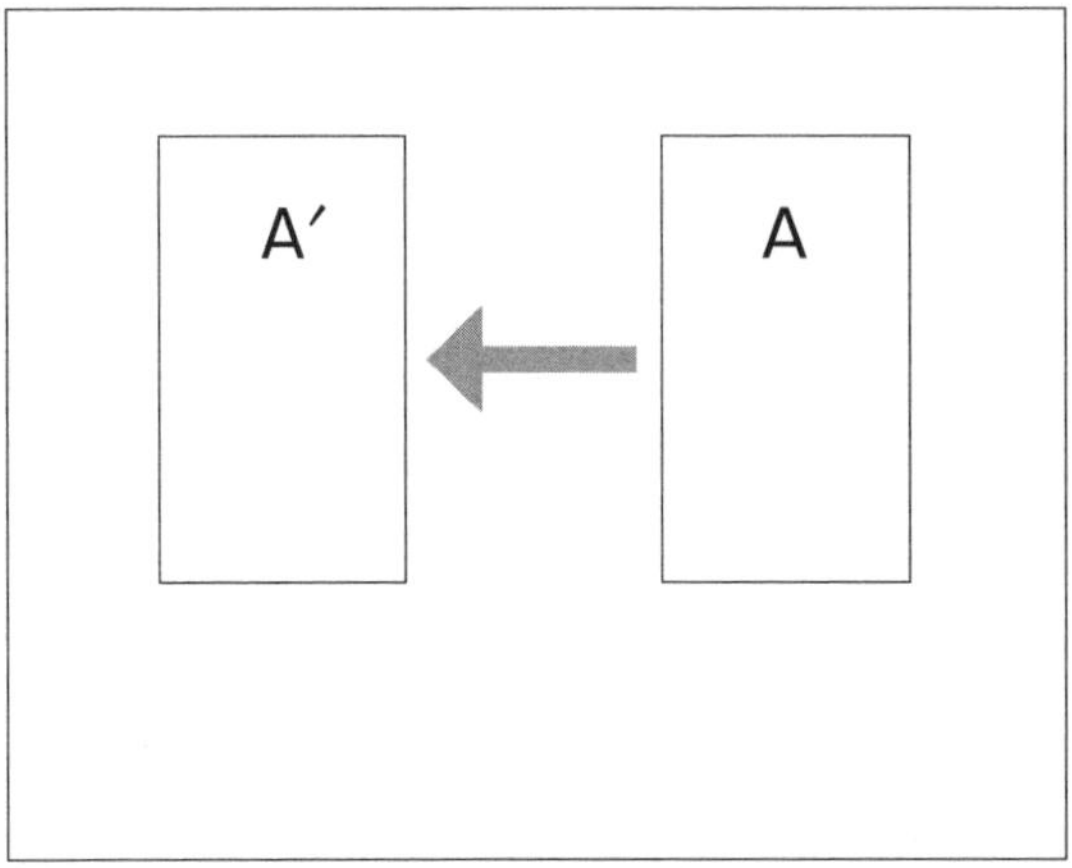

今まで述べてきたように、物語の一番の基本フレームは、A↓A′です。つまり、「何かが変わる」のが物語だということです。

例えば、「けんか↓仲直り」「きらい↓好き」「困った↓よかった（困ったことの解消）」などが考えられます。

低学年などは、マイナスの状況からプラスの状況に変わるというのが基本的なフレームでしょう。これが、中学年や高学年になると、読む作品のフレームも多様になりますから、そのフレームを活かして書く、すなわちフレームライティングするときには、プラスからマイナスに変わっていくという物語の創作

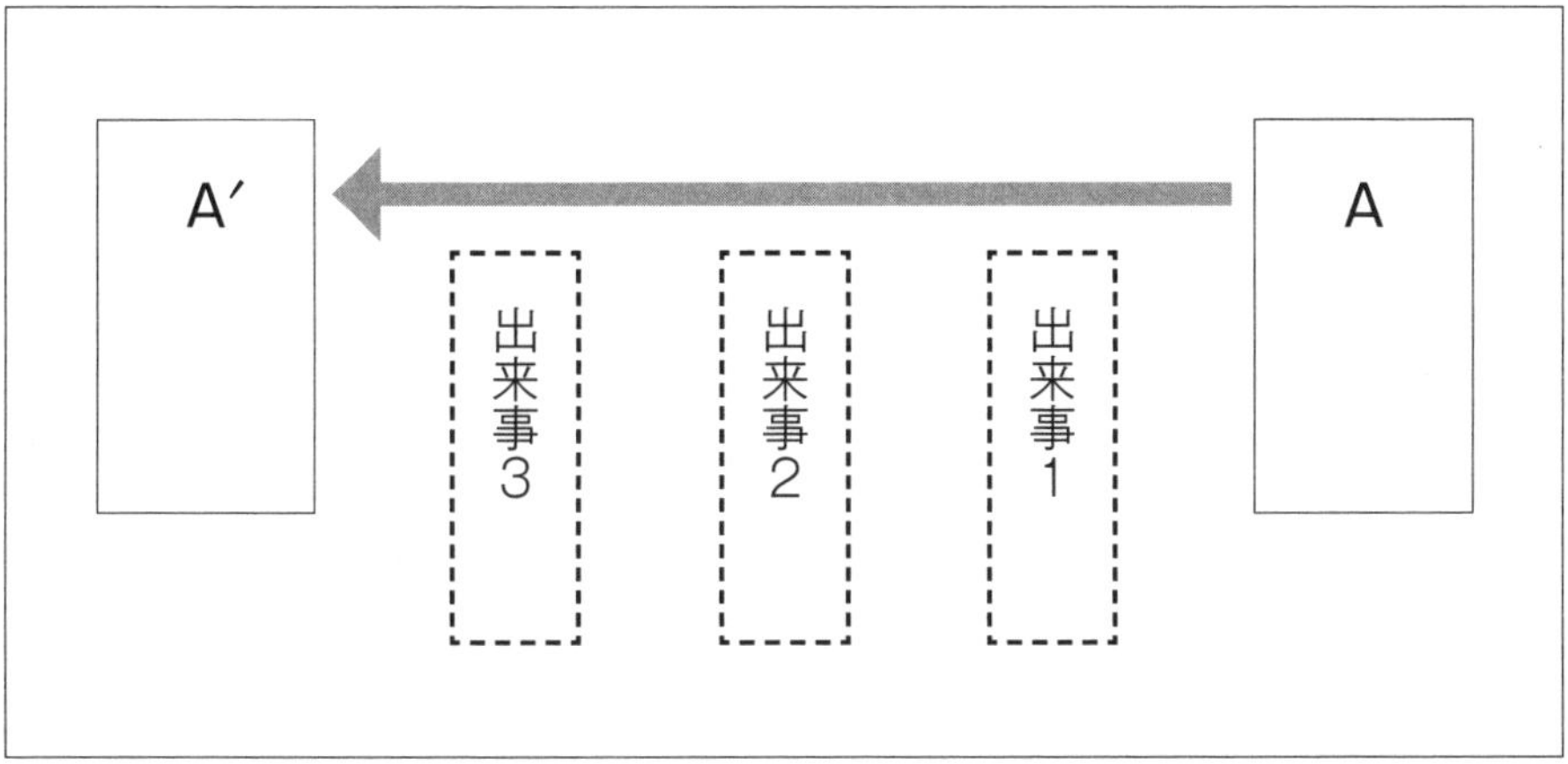

もあり得るわけです。

2 「くり返し」のフレームを活かす

AからA′に変わるためには、そのきっかけや原因となる出来事が必要です。何もしなかったのに変容していた、というのは小学校の物語としてはあり得ません。

Aを変容させる出来事には、二種類あることを紹介しました。一つは、くり返し何かが起こっていく「くり返し型」。もう一つは、大きな出来事がどんと起こる「事件型」です。

くり返し型には二通りあります。

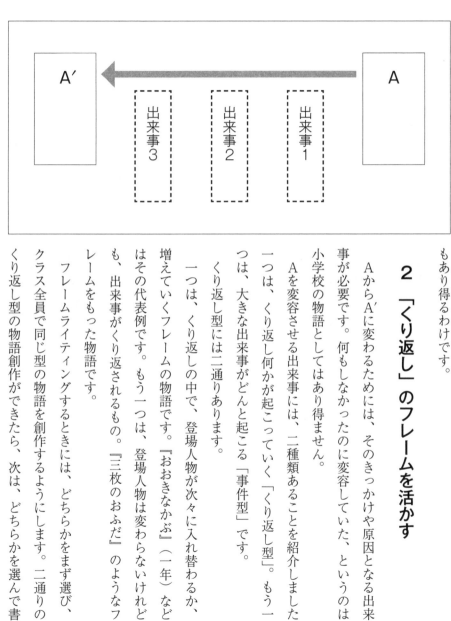

一つは、くり返しの中で、登場人物が次々に入れ替わるか、増えていくフレームの物語です。『おおきなかぶ』（一年）などはその代表例です。もう一つは、登場人物は変わらないけれども、出来事がくり返されるもの。『三枚のおふだ』のようなフレームをもった物語です。

フレームライティングするときには、どちらかをまず選び、クラス全員で同じ型の物語を創作するようにします。二通りのくり返し型の物語創作ができたら、次は、どちらかを選んで書くように選択権を子どもに与えてもよいでしょう。

3 「起承転結」のフレームを活かす

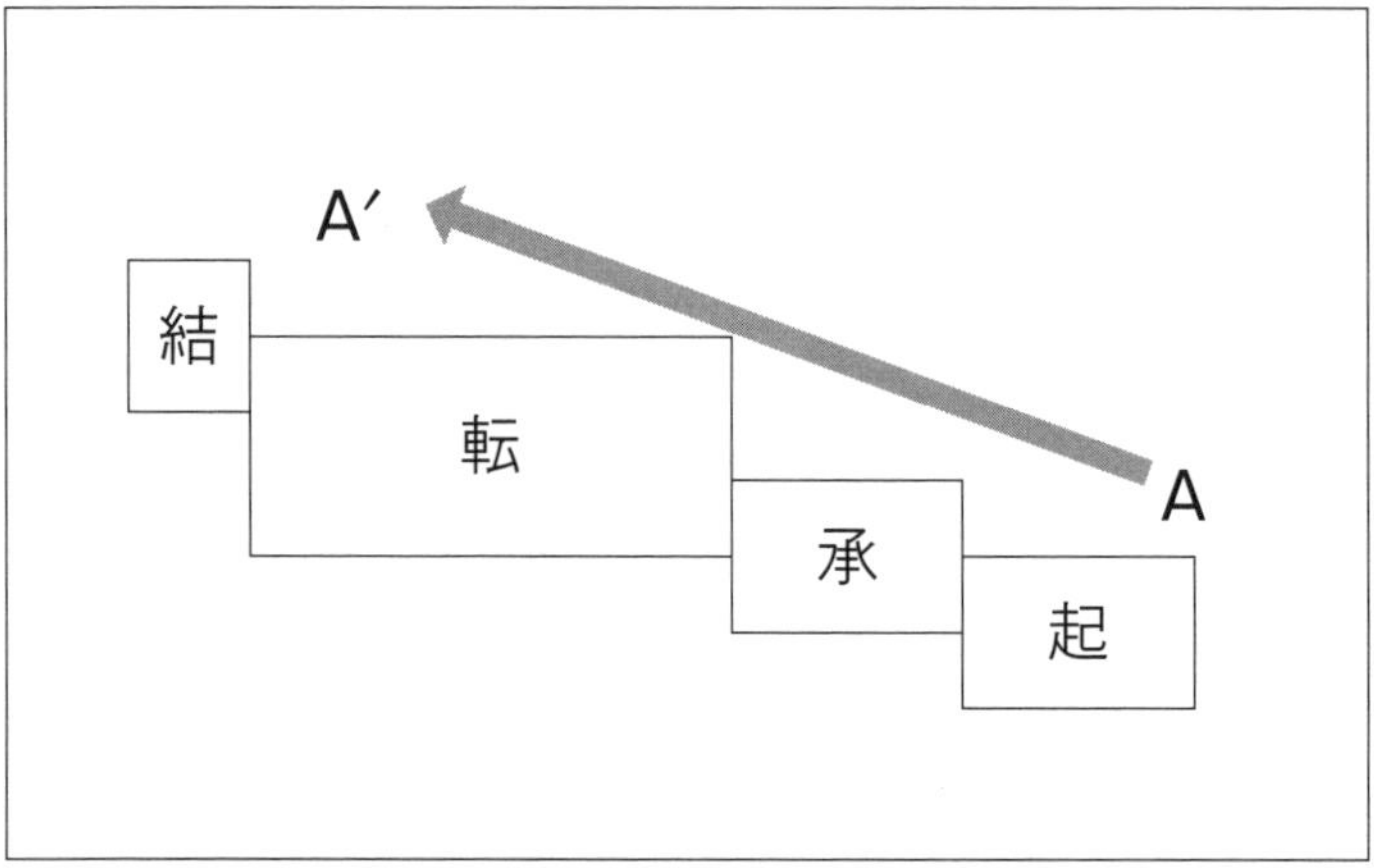

中心人物を変容させるために、何か大きな出来事が起こる「事件型」の物語を「起承転結」に当てはめて考えてみましょう。

この物語のフレームは、次のようになります。

「起」……時・場・人物の設定。変容前の中心人物の紹介。

「承」……出来事のはじまり。

「転」……中心人物が変容する場面。クライマックス場面とも言う。クライマックス場面の中で、中心人物がはっきり変わったと分かる瞬間が「クライマックス」。

「結」……変容したことによる終わりの場面。

ただし、すべての作品にクライマックスがはっきり書かれているわけではありません。クライマックスが描かれていない作品もたくさんあります。

4　ファンタジーのフレームを活かす

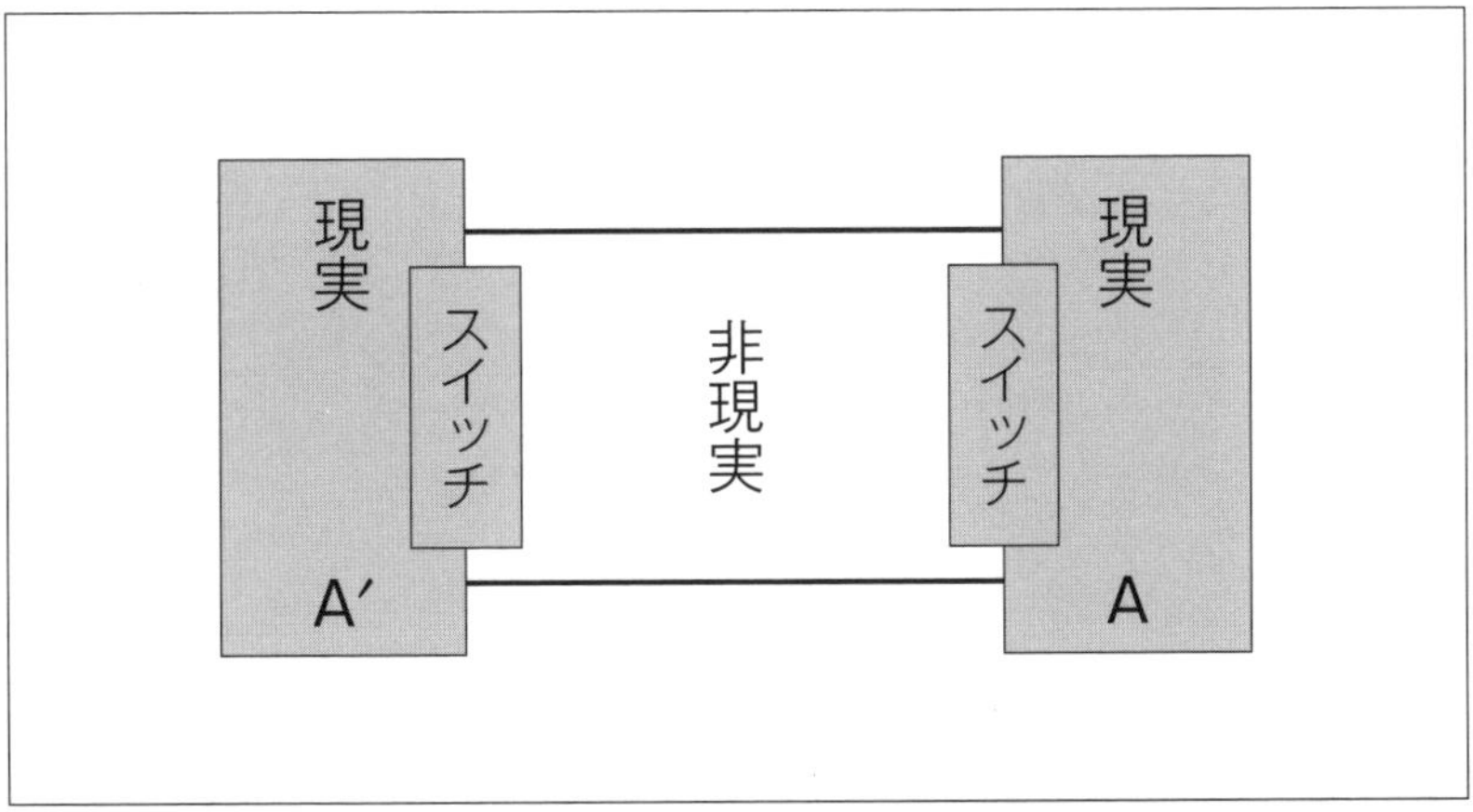

ファンタジーには、ファンタジーならではのフレームがあります。このフレームを使うとファンタジーを書くことができます。

基本となるA→A′というフレームは変わりません。Aを変容させるために、「非現実」という場面があります。「非現実」場面に入る前と、Aが変容した後の場面を「現実」場面ととらえます。そして、「現実」場面から「非現実」場面に移るときに、ある「合図」が入ります。これを「スイッチ」と言います。

「スイッチ」にはいろいろな種類があります。例えば、雷が鳴ったり、風が吹いたりという自然現象だったり、トンネルを通るとか、穴に落ちるなどの空間移動だったり、十二時になったら、などという時間が「スイッチ」になったりします。この「スイッチ」を何にするかをきめるだけでも、その子だけのオリジナルのファンタジーになっていきます。「スイッチ」は、「現実」から「非現実」に移るときと、「非現実」から「現実」に戻るときは同じものであるというのが基本です。

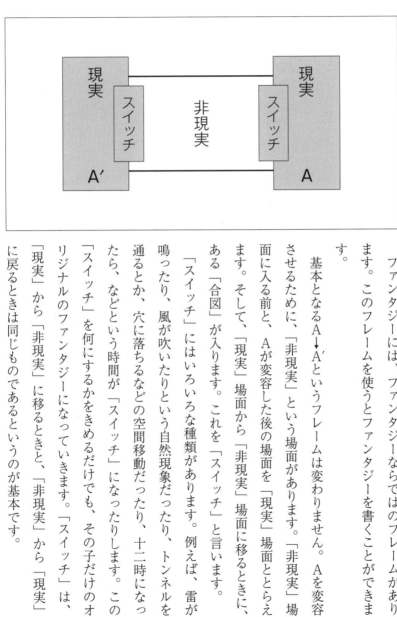

2　説明文のフレームを活かして説明文を書く

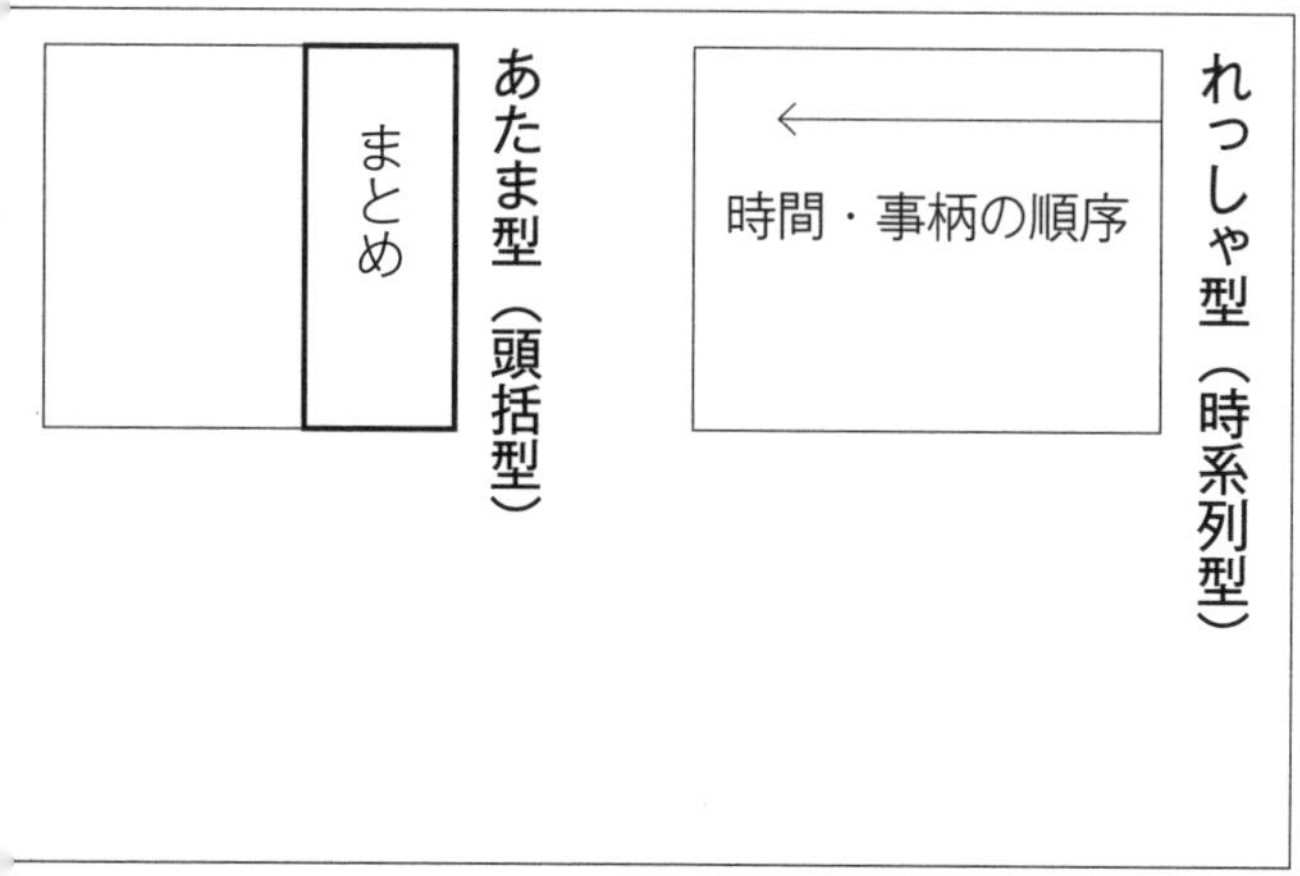

1　四つの「型」を活かす

説明文には四つの「型」がありました。この「型」を活かすと、子どもは説明文を書くことができます。

「れっしゃ型」の文章は、時間や事柄の順序に沿って説明していくものです。「○○の育ち方」のような「観察記録文」や「○○のつくり方」のような「説明書」、または「○○の一生」のような生き物の「紹介文」などを書くときに有効です。

「あたま型」の文章は、まとめが先に書かれるフレームの説明文です。結論先行のスタイルになっています。自分の意見や感想を先に書く「意見文」や、「○○について」の「紹介文」

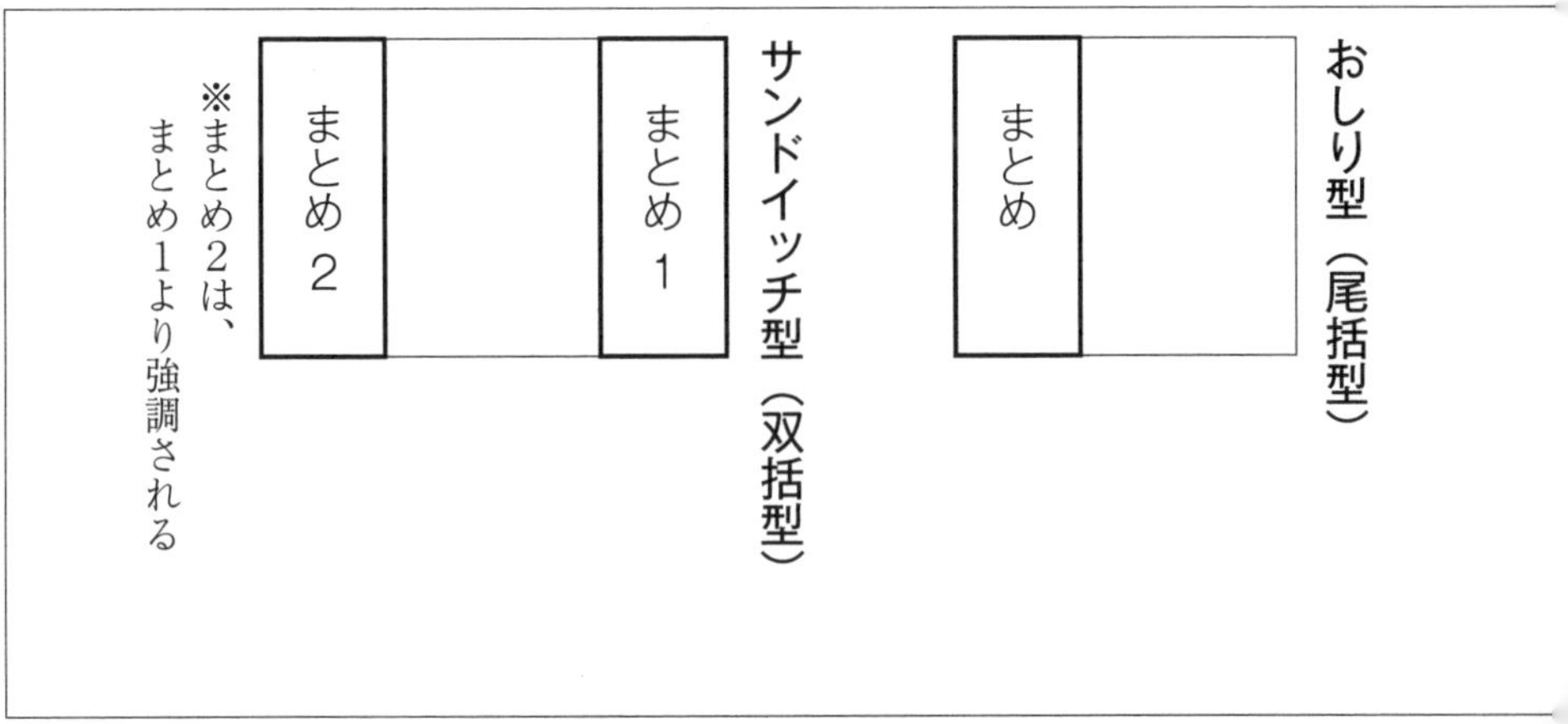

などに適したフレームです。まずはじめに自分の伝えたいことをまとめとして書き、その後に、まとめについての具体的な事例や、根拠をいくつかに整理して書くというフレームです。

「おしり型」の文章は、まとめが最後の方に書かれるフレームになっています。はじめに具体的な事例を紹介し、最後に「このように」などのつなぎ言葉をつかってまとめます。「実験観察」などを報告する「観察記録文」「実験観察文」や、「紹介文」「意見文」「論説文」など、多様な文章を書くときに活かすことのできるフレームだといえます。

「サンドイッチ型」の文章は、はじめと終わりに書き手の意見や主張が書かれるというフレームになっています。自分の考えを読み手に伝えたいという思いの強い「意見文」や「論説文」などに適しているといえます。そして、はじめに書かれるまとめや主張よりも、終わりに書かれるまとめや主張の方がより強調された書きぶりになることが多くなります。その間にはさまれた具体的な事例を通した後の方が、説得力を強くもつことになるからです。

この四つの型をフレームとしてもっていると、子どもは説明文を書くときに困りません。文章の種類や、子ども自身の思いに応じて、フレームを選択して書けるようになることが理想的です。

2 「問い」と「答え」のフレームを活かす

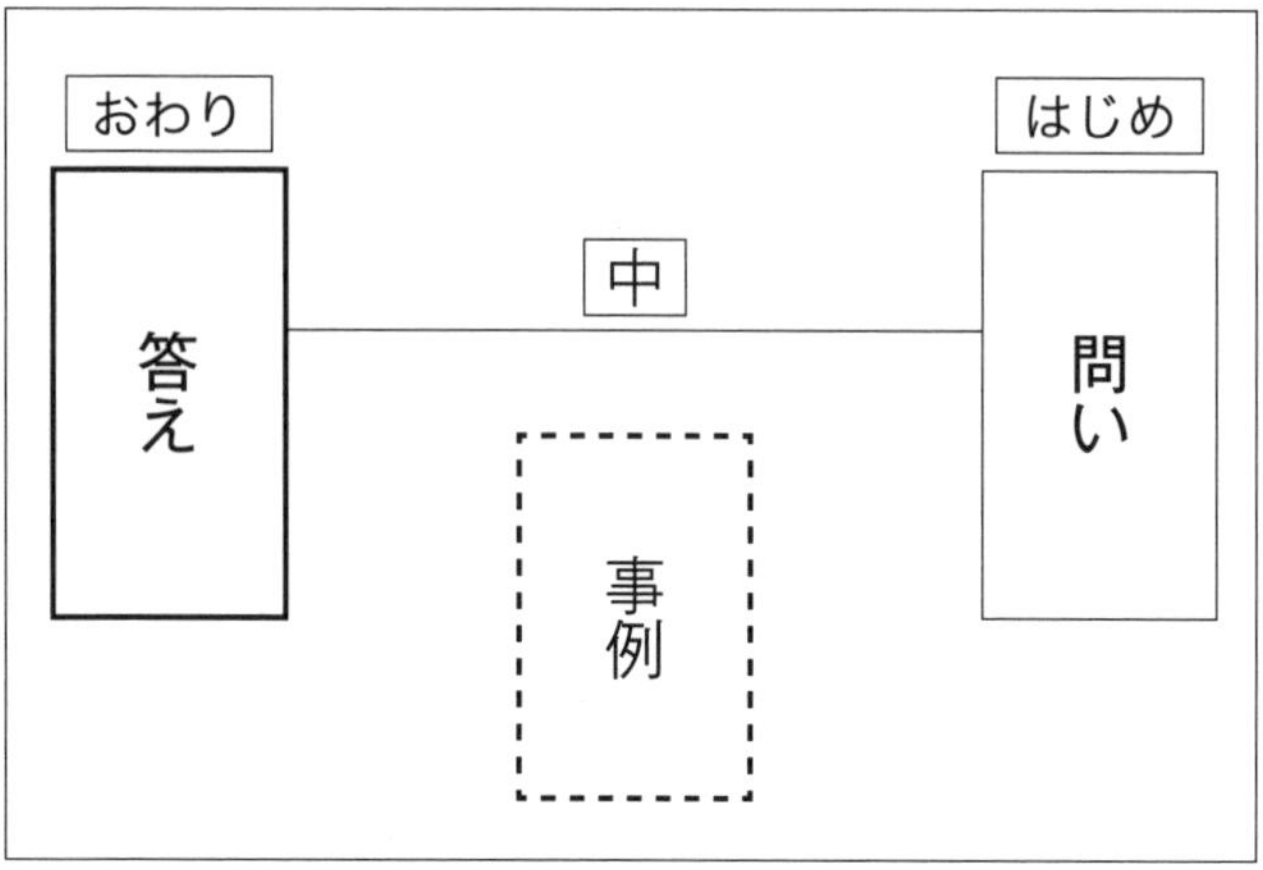

説明文の基本的なフレームを活かすと、上のような「はじめ」→「中」→「おわり」の三つに整理された文章を書くことができます。

説明文の基本はQ→Aでした。つまり「問い」→「答え」が一番の基本的なフレームです。説明文の「問い」とは、筆者にとって分からないことではなく、むしろ「伝えたいこと」です。ですから、子どもに、何を伝えたいのかを考えさせて、それをどのような「問い」として表現すればよいかを考えさせることが大切です。そして、問いの解決のために、いくつの事例を書くかを考えます。事例が複数になる場合は、その順序を考えることも大切です。事例の順序には、筆者の意図が込められているのです。

3 「ナンバリング」や「つなぎ言葉」でフレームをつくる

ナンバリングの例

・一つ目は、…二つ目は…

・第一に、…第二に、…

など

つなぎ言葉の例

ア　このように　つまり

イ　また　そして　さらに

ウ　しかし　けれども　だが

エ　たとえば

オ　さて　ところで

など

説明文を書くときには、「ナンバリング」と「つなぎ言葉」はとても重要です。この二つでフレームをつくることができます。

ナンバリングは、上に示したような言葉から始まり、「あたま型」のフレームで使うと効果的です。まず結論を書いてから、「その理由が三つあります」とつなげて、「一つ目は……。二つ目は……」と書いていくと、読む人に分かりやすい文章が書けます。

つなぎ言葉は、「接続語」とも言い、文と文、文章と文章をつなぐ役割をしています。主なものには上のようなつなぎ言葉があります。

アのつなぎ言葉は、その後ろにまとめが書かれる目印になるものです。イは、前の内容につけ足したり、前の内容を受けてそのまま次につなぐときに使います。ウは、前の内容と後の内容が反対になるときに使います。たいていの場合、前に書かれた内容よりも、このつなぎ言葉の後の方が大事な内容になっています。エは、例を示すとき、オは、話題を変えるときに使われるつなぎ言葉です。これらの言葉を使いながら、文章のフレームをつくります。

3　フレームを活かして思考する──フレームシンキング

1　フレームをもつということ

フレームリーディングは、文章全体を丸ごと読んで、そのフレームをとらえる読みの手法であると繰り返し述べてきました。そして、読みのフレームがつくられると、そのフレームは、書くことに活かせることも紹介しました。

フレームをもつと、文章を自分のフレームに当てはめて読もうとします。自分のもっているフレームにうまく当てはめることができると、その文章は理解しやすくなるでしょう。一方で、自分が学んで身につけてきたフレームに当てはまらないときには、フレームのバージョンアップが必要です。このようなプロセスを繰り返しながら、子どもは、自分自身のフレームをより多様に、より柔軟性のあるものにしていくのです。

実は、この読みのフレームは、思考のフレームとしても当てはまります。フレームリーディングの基本的なプロセスは、「俯瞰」―「焦点化」―「統合」でした。これは、読むことのみならず、ものごとをとらえ、考えるときのフレームにもなっていることに気づくでしょう。

自分にとって解決しなければならないことが目の前にあるとします。人は、まず、全体像を把握しますね。そして、そこから何が問題なのかを見つけ出し、その問題を解決するために、焦点を絞って考えます。問題点が解決したと思ったときには、本当に解決できたのかを確かめるために、もう一度全体像を見直して、これでいいのかどうかを見直します。もしも全体がうまくつながらないようなら、あらためて考え直す場所を見つけ出そうとするでしょう。こうして考えると、「俯瞰」―「焦点化」―「統合」は、ものごとを考えるときのフレームそのものなのです。

また、このプロセスを、別のフレームでとらえると、次のようなものも考えられます。

ある問題点や課題に対して、それを解決するために、「こうしたらどうか」という「仮説」を立てます。そしてそれで本当にいいかどうかを「検証」します。最後に、全体を見渡して、齟齬がないか矛盾しているところはないかを見直し、全体を「再構築」するという流れです。これは、フレームリーディングの中で、自分なりの読みを仮説として設定し、それを詳しく読む中で検証し、あらためてフレームを再構築する流れと

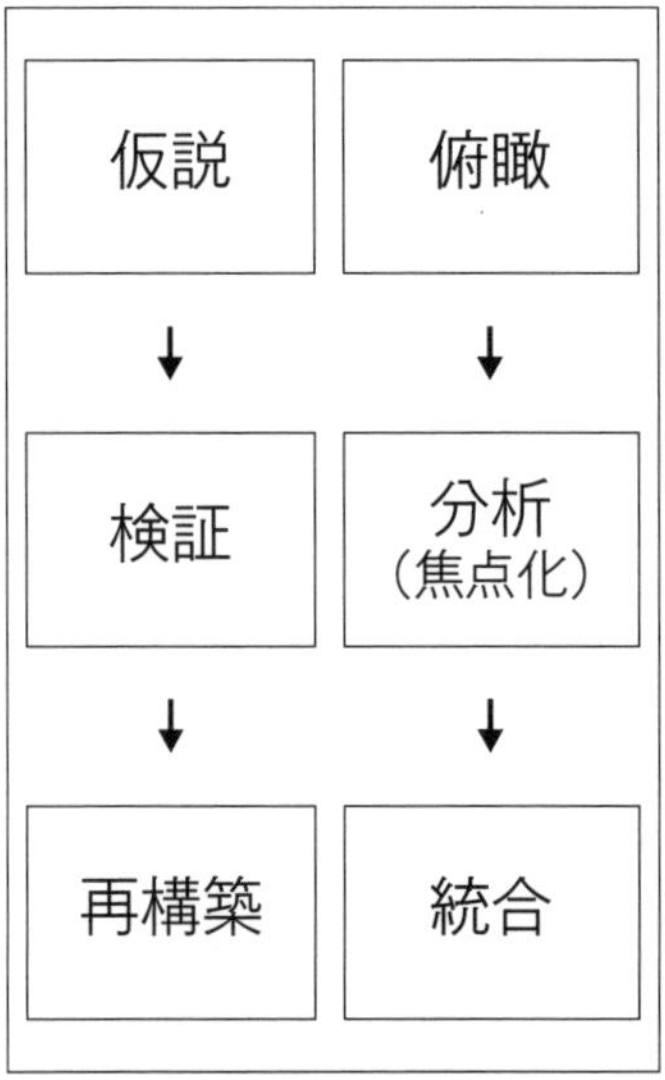

読みのプロセスは
思考のプロセス

同じです。

つまり、読むことにおけるフレームは、思考のフレームであるということです。ですから、フレームリーディングは、フレームシンキングであるということができるのです。

2　多様な思考のフレームをもつ

読みのフレームが思考のフレームにつながる、あるいは両者は一致するのであれば、多様なフレームをもつことが、多様な思考をすることにつながり、それはすなわち、多面的にものごとを考えたり、多角的にものごとをとらえたりすることになっていきます。

新しい時代、これからの予測不能な時代を生き抜くためには、一つのものごとを、多様なフレームでとらえられるということはとても大切なことです。

上に示したのは、フレームリーディングのフレームとして、本文中に紹介してきたものです。このフレームリーディングのフレームをさまざまにもつことで、多面的・多角的なフレームで思考することにつながると考えます。

俯瞰―分析（焦点化）―統合
仮説―検証―再構築
というプロセスの中で

- 比較（類比……共通）
  （対比……相違）
- 分類（観点）
- 原因―結果（因果関係）
- 事実―意見
- 問い―答え
- 具体―抽象

・順序（時間・事柄）
・帰納（ボトムアップ）
・演繹（トップダウン）
・反証・例外
・仮説・仮定
・類推・推測

など

例えば、何かと何かを比較するときには、共通点はないかなという思考と、違いはどこかなという思考が働きます。共通点を見いだす比較を類比、相違点を見いだす比較を対比として整理できるでしょう。

また、何かを仲間分け（分類）するときには、必ず観点が必要になります。これは○○の仲間、こっちは□□の仲間というようにです。○○や□□が、分類の観点になるわけです。

因果の関係をとらえることも重要です。このことがあったから……という思考はいつでも働いているようなフレームです。

こうして考えると、読み方のフレームは、思考のフレームになりますから、フレームリーディングを取り入れて読むことの授業を積み重ねていくことが、思考力を育むことになるのは間違いないでしょう。

今後は、思考の枠組みを、どのようなステップで育てていくことが効果的なのか、その系統性を意識しての授業の取り組みが具現化されることが課題です。思考力の系統化は容易なことではありませんが、フレームリーディングのステップを、フレームシンキングのステップとしてとらえるならば、まずはフレームリーディングの系統化を図り、そのステップをより綿密に、明らかにしていくことが重要であると考えます。

おわりに

フレームリーディングという方法を、試行錯誤しながら実践してきた中で、「数える」ことと「選ぶ」ことという切り口が、子どもの読みを深め、思考を深めていることを実感しています。

フレームリーディングで実現することができるのは、物語のあらすじをとらえたり、説明文の段落構成を見渡したりするだけではありません。構成と同時に内容のフレームをつくるのがフレームリーディングです。

物語も説明文も、書かれている内容に読み手が心を動かされなければ、「この文章は面白い」と感じることはありません。説明文の筆者自身が、何か強く心を動かされたからこそ、そのことを多くの人に伝えたいと思って文章として書き表したわけです。ですから、読み手は、単に文章の表面的な構成をフレームとしてとらえるのではなく、その内容に深く切り込んでいくことができるようなステップで読んでいくことが大切なのです。

一年生の説明文を読み、「鳥のくちばしは、自分が生きるために都合のよい形をしているんだな」という発見や驚きが、次の説明文を読むエネルギーになります。

六年生では「高畑さんは映像作家であり、アニメ映画の監督だからこそ、『鳥獣戯画』を『人類の宝だ』と言い切っているのだな。高畑さんならではの視点で書かれているこの文章は面白いな」などと、筆者の人物像や、時には人柄にまで読み手が思いをめぐらせて読むことで、深い読み、深い学びが成立するのです。

こうした読みのプロセスは、物語においても同様です。冒頭場面がここからここまでで、展開場面がここで、山場がここで……と作品構造をとらえただけでは、物語を読む面白さは実感できません。『お手紙』で、かえるくんの思いやりに深く感心し、『ごんぎつね』で何とも言えない切なさを感じ、『海の命』で生きることの意味を考えさせられる……物語を読むことによって、読み手の心が揺さぶられるからこそ、読むことに意味があるのです。

言葉の教育は、人間教育であるという大きな前提を忘れることはありません。フレームリーディングが、単なる読みの手法に止まらず、人の思考の枠組みをつくること、認知のフレームをつくることに意味と価値があると考えています。そのための、小さな一歩一歩の積み重ねが、フレームリーディングの実践です。

フレームリーディングの最終ステップは、自分の考えを表現することです。そこで表現された内容が、どれだけ深いものになっているかが、授業の成果として問われるのです。

子どもが「読むことって面白い」と感じ、その面白さの秘密に迫ることができるような授業を、これからも模索し続けたいと思います。

最後になりましたが、明治図書の林　知里さんには、本書の刊行に向けて多大なご尽力をいただきました。深くお礼申し上げます。

平成二十九年六月

筑波大学附属小学校　青木　伸生

【著者紹介】
青木　伸生（あおき　のぶお）
1965年千葉県生まれ。東京学芸大学卒業後，東京都の教員を経て現在筑波大学附属小学校教諭。
全国国語授業研究会会長，教育出版国語教科書編著者，日本国語教育学会常任理事，國學院栃木短期大学非常勤講師。

〈主な著書〉
『青木伸生の国語授業　フレームリーディングで文学の授業づくり』『青木伸生の国語授業　フレームリーディングで説明文の授業づくり』『ゼロから学べる小学校国語科授業づくり』『基幹学力をはぐくむ「言語力」の授業』（明治図書），『プレミアム講座ライブ　青木伸生の国語授業のつくり方』『「フレームリーディング」でつくる国語の授業』『教科書　新教材15「フレームリーディング」でつくる国語の授業』（東洋館出版社），『図解で納得！道徳授業が深まる　国語教材活用の実践』（学事出版）他多数。

［本文イラスト］木村美穂

青木伸生の国語授業
３ステップで深い学びを実現！
思考と表現の枠組みをつくる
フレームリーディング

2017年７月初版第１刷刊 ©著　者　青　木　伸　生
2020年１月初版第４刷刊　発行者　藤　原　光　政
発行所　明治図書出版株式会社
http://www.meijitosho.co.jp
（企画・校正）林　知里
〒114-0023　東京都北区滝野川7-46-1
振替00160-5-151318　電話03(5907)6703
ご注文窓口　電話03(5907)6668

＊検印省略　組版所　株　式　会　社　明　昌　堂

Printed in Japan　ISBN978-4-18-138110-3